21世纪经济管理新形态教材·会计学系列

RPA财务机器人
实训教程

黄静如 ◎ 主　编

陈　鸿　侯先成 ◎ 副主编

U0368583

清华大学出版社

北京

内 容 简 介

RPA 财务机器人可以模拟人的行为，对目标系统软件（账务系统、开票系统、网银系统、浏览器、Excel 等）进行各种操作，实现对企业或个人工作的业务流程自动化，能够更高效、更稳定地完成被赋予的工作，帮忙财务人员从低赋能的工作中解放出来，从而提升财务人员的工作价值和工作幸福感。

本书共 6 章。第 1 章主要介绍 RPA 财务机器人的基础知识，如财务机器人的概念、特点、发展背景、标准、实施、开发、部署、测试等，能让读者全方位了解 RPA 财务机器人；第 2 章主要介绍 RPA 财务机器人的开发技术，如组成、技术架构、界面、自动化技术、基本语法等，帮助读者打下 RPA 财务机器人的实操基础；第 3～6 章主要介绍 RPA 财务机器人的实操应用，先学习 Excel、电子邮件、Web 等常用的系统软件的应用，再结合供应商对账、进项发票勾选认证、纳税申报、自动开票、网银付款等财务主要应用场景进行实操学习，这些贴合实际的实操学习能够让读者的实操能力得到较大的提升。

本书既可以作为初次接触 RPA 的人员的入门读物，也可以作为 RPA 从业者的学习指南，具有较高的参考价值。

图书在版编目（CIP）数据

RPA 财务机器人实训教程/黄静如主编. —北京：清华大学出版社，2023.5
21 世纪经济管理新形态教材. 会计学系列
ISBN 978-7-302-63351-8

Ⅰ．①R… Ⅱ．①黄… Ⅲ．①财务管理－专用机器人－高等学校－教材 Ⅳ．①F275②TP242.3

中国国家版本馆 CIP 数据核字(2023)第 082824 号

责任编辑：左玉冰
封面设计：汉风唐韵
责任校对：王荣静
责任印制：朱雨萌
出版发行：清华大学出版社
　　　　网　　　址：http://www.tup.com.cn，http://www.wqbook.com
　　　　地　　　址：北京清华大学学研大厦 A 座　　　　邮　　编：100084
　　　　社 总 机：010-83470000　　　　邮　　购：010-62786544
　　　　投稿与读者服务：010-62776969，c-service@tup.tsinghua.edu.cn
　　　　质 量 反 馈：010-62772015，zhiliang@tup.tsinghua.edu.cn
　　　　课 件 下 载：http://www.tup.com.cn，010-83470332
印 装 者：大厂回族自治县彩虹印刷有限公司
经　　销：全国新华书店
开　　本：185mm×260mm　　　印　张：12.25　　　字　数：288 千字
版　　次：2023 年 7 月第 1 版　　　　　　印　次：2023 年 7 月第 1 次印刷
定　　价：49.00 元

产品编号：098398-01

前 言

　　RPA 技术通过模拟人工操作键盘和鼠标，自动处理计算机中规则清晰、批量重复的工作与任务。RPA 的出现，能够将会计工作中费时费力的数据任务自动化，协助财务人员高质高效地完成费用报销、采购到付款、订单至收款、固定资产核算、存货到成本、总账到报表、资金结算等常见的财务流程。

　　本教材依据《会计改革与发展"十四五"规划纲要》，面向普通高等学校和高职高专财务专业学生编写，对财务机器人技术应用的内容进行详细介绍，还原工作场景，梳理总结出业务流程和业务操作技能点，并对每个技能点进行精心讲解，具有较强的业务操作性。

　　本教材共 6 章，其中，第 1 章由黄静如负责编写，第 2、3、4、5 章由陈鸿负责编写，第 6 章由侯先成负责编写。陈文轩和戴彩玲为教材编写提供了帮助。

　　在编写过程中，编者参考了兄弟院校教材的内容，在此表示衷心的感谢！

　　限于编写人员的知识水平和教学经验，本教材中疏漏之处在所难免，敬请读者批评指正。

编　者
2022 年 11 月

本书可通过扫描下方二维码进行同步慕课（MOOC）学习

目 录

第 1 章

RPA 财务机器人基础知识

【知识目标】

1. 描述 RPA 的含义、特点和优势
2. 描述财务机器人的功能和特点
3. 归纳哪些流程适合使用财务机器人以及财务机器人适合标准
4. 举例说明财务机器人的实施步骤
5. 陈述财务机器人能够带来哪些收益
6. 分析财务机器人的局限性
7. 分析财务机器人对财务组织和财务人员的影响

【技能目标】

1. 举例说明财务机器人开发前准备工作的步骤
2. 实践进行财务机器人的部署
3. 实践流程测试，保证 RPA 的业务流程正常工作、业务正常进行

【关键术语】

RPA、RPA 财务机器人、机器人流程自动化、低代码开发、数字化劳动力。

RPA 驱动财务变革，引领企业数智转型

在大型集团性企业中，基层财务岗位的操作已经高度简化，主要从事简单重复劳动，如做报表、录入凭证、核对资金等。很多业务场景是登录一个系统，导出数据，再登录另外一个系统，导入数据进行比对。这些几乎不需要太高智商的操作，可以使用跨系统的 "机器人" 脚本来实现。这种脚本，就是 RPA（robotic process automation，机器人流程自动化）机器人。中国 CFO 发展中心 2022 年 3 月 17 日晚间推出的《财道中国》第十九期直播提到，50% 以上的账务处理、40% 左右的发票处理、37% 的银行对账业务等常规财务操作，均可由 RPA 机器人完成。

即便是高度依赖人工审验的流程，也可以通过 RPA 机器人进行辅助审核，大幅提高工作效率。

当财务人员的工作效率越来越高的时候，还需要那么多财务人员吗？

答案是，未来随着数字化转型的推进，不需要那么多 "传统" 财务人员了。什么叫

传统财务人员？比如懂分录会做凭证的、懂准则会合并会计报表的、懂税法填制税务数据的……本来，会计知识是一个门槛，是一个准入，但是机器学习打破了这个门槛，基于大数据，系统越来越容易处理这些业务，从而反过来淘汰了这些岗位。

RPA 的广泛应用，并不代表财务行业的凋零，相反，财务行业会加速向智能财务转型，会产生一些新的财务岗位，如财务数字化员工管理师、财务流程管理师、财务知识工程师、智能财务标准建设人员、智能财务培训师、智能财务需求分析师、智能财务算法构建师、财务大数据分析师……现在大多院校的绝大部分财务专业，还在教分录，还在教折旧方法，还在教转成本方法……这些知识重要吗？重要，但在实际应用中，系统都是自动生成配置的，根本不需要人操作。这个行业会一直存在，但内容和实质在不断地快速变化。

视野拓展

我们将从技术到工具，用好 RPA，成为人机协同的赋能者与数据挖掘的受益者；从工具到思想，理解 RPA，成为转型新阶段主动变革者与积极推进者；从思想到实践，拥抱 RPA，成为财务价值创造者与数智转型操刀者。

1.1　RPA 的概念及特点

1.1.1　RPA 的概念

RPA 是指运用计算机界面操作技术，模拟人类按照一定规则自动执行相应流程环节，从而完成原本由人工执行的计算机操作。

与大家通常所认为的具备机械实体的"机器人"不同，RPA 本质上是一种能按特定指令完成工作的软件，这种软件安装在个人计算机或大型服务器上，通过模拟键盘、鼠标等人工操作来实现办公操作的自动化。

RPA 也被形象地称为数字化劳动力（digital labor），是因为其综合运用了大数据、人工智能、云计算等技术，可以有效提升办公作业过程中人与计算机的综合交互能力，不仅能够辅助工作人员完成工作任务，提高工作效率与质量，还能在高强度的工作任务下达到劳动力补充的效果，替代传统人工劳动力。与人类相比，机器人有着超强的记忆力和永不中断的持续工作能力，因此面对大量单一、重复、烦琐的工作任务时，有着巨大的能力优势，能极为显著地提升这类工作的处理准确度和效率。在当今计算机硬件成本不断下降的时代，进行 RPA 机器人部署能够达到成本控制的效果。人工作业需要源源不断地投入成本，RPA 机器人作业则能够替代人工作业，并且成本一次性投入，后续运营维护的成本消耗较少。

1.1.2　RPA 的特点

1. 机器处理

RPA 机器人并不像传统意义上的机器人拥有人形外观，而是软件机器人。其在所有操作流程上都能够自动化处理，能够根据提前编写好的程序自动运行，实现利用信息化处理技术替代人工工作任务。RPA 可以连日不间歇地工作，提升工作效率的同时也提升人工精准度，避免由于工作强度过大而导致人工操作出现纰漏的情况。

2. 基于明确规则

RPA 的使用主要是替代人工进行频繁的计算机端单一操作，设计 RPA 需要使用明确规则来编写脚本。所以，RPA 使用的流程要有明确的、能被数字化的触发指令和输入。在工作运行期间可能会出现的一切场景都是可以在脚本编写时提前被定义的，如人力资源、供应链、信息技术以及财务等部分流程都需要符合 RPA 的工作环境要求。由此可见，RPA 并不适用于创造性强、流程变化频繁的工作场景。

3. 以外挂形式部署

RPA 在用户界面操作时，不需要通过接口的形式进行处理，并不会破坏企业办公系统中原有的 IT（information technology，信息产业）架构。企业工作系统第一层是主要需求和数据，第二层是 Excel、Word 等基础办公软件，第三层则是 ERP（企业资源计划）、CRM（客户关系管理）等流程系统。RPA 在上述三个层次之上，属于更高的软件层，其运行并不会对企业原有 IT 系统造成影响，属于一种外挂形式的部署，因此大部分企业都适合使用。

4. 模拟用户操作与交互

在使用 RPA 的过程中，其原理是模拟人工操作，如单击、字符输入、复制、粘贴等，这些操作都会在自动化系统中自动化模拟来完成，即能够将用户办公系统操作中的所有过程记录下来，通过单击位置以及键盘数据形成对应脚本，将其分配给机器人，使机器人自动化完成操作，如实现对表格的自动化处理、转变以及文章排版等。与现在比较成熟的编程软件相比较，RPA 操作使用更加简单、专业、方便，这也是 RPA 替代传统的大型编程软件被广泛使用的原因之一。

1.1.3　RPA 的优势

（1）错误率低。由于 RPA 的工作流程是提前调研、开发、部署好的，因此在实际使用中不容易产生错误，只是重复性地完成操作任务。RPA 能够避免长时间操作疲劳而出现错误的情况，从而有效降低错误率。

（2）安全可靠。RPA 执行过程中对于所涉及的数据的处理都是保密的，并不会在处理过程中受网络或其他因素影响导致数据泄露，因此具有极强的安全性优势。

（3）降低成本。使用 RPA，能明显替代人工操作，有效减少人力资源投入使用量，且前期成本是一次性投入的，后期只需要少量的维护成本。同时在使用 RPA 的过程中，无论工作的任务强度如何，都不会导致工作的成本增加，因此具有极强的成本降低优势。

（4）无区域限制。RPA 的使用是通过外挂形式部署在电脑端的，地区的远和近对 RPA 的使用影响不大。

（5）具有核心价值。使用 RPA 可以减少重复工作，使人们摆脱重复的事情，从而提高工作效率，减少人力成本和时间的投入。

（6）高精度。使用 RPA 能提高工作质量并避免由于人为错误而导致的返工，准确性接近 100%。

（7）强大的可伸缩性。其易于扩展，可快速进行培训和部署。

（8）合规性。RPA 的使用能够减少人工操作的失误，一定程度上规范了工作流程，同时 RPA 的执行过程能够通过日志有效记录下来，很好地满足合规控制的要求。

（9）非侵入式。RPA 的使用是通过外挂形式部署在电脑端的，不会改变当前系统与程序使用环境，也不需要更改应用程序，因此并不属于入侵式的软件安装。

（10）全天候工作。RPA 机器人能够替代人工操作，在自动化控制指令下全天候工作，无须休息。

1.2 RPA 财务机器人

1.2.1 财务机器人的概念

财务机器人（financial robot）是一类遵循既定的规则和程序，采用机器人流程自动化技术，通过模拟、增强和拓展财务人员与计算机系统的交互过程，从而可替代人工操作或辅助人工操作，完成大量标准化的财务业务，并对整个财务管理流程进行优化，降低财务运作成本，提升财务工作效率，提高财务工作质量，实现财务人员、财务业务和信息系统一体化协同的软件。可以简单地理解为 RPA 机器人能够模拟人工操作，完成一些重复性的操作任务，针对财务工作中重复性强、规则性强的工作任务，能够自动处理，替代人工作业。

财务机器人作为业务和财务之间的"黏合剂"，能够有效地辅助解决企业"信息孤岛""业财分离"的问题，帮助企业实现内外部价值链"柔性体化"的连接和"大会计"系统的建构。财务机器人当前已经在会计核算、合规财务和精益财务等方面有丰富的应用场景，它能够为优化财务任务处理、释放人力创造力和智能化财务管理、实现财务数字化转型提供明确、可持续的路径。

在财务领域，传统的 RPA 技术只能从事步骤明确、规则固定、重复简单的工作，应用场景通常只能局限于很狭小的领域，如财务中的对账、核算等重复性的工作，或者批量进行且烦琐的上传下载、简单的数据填写转录等工作。RPA 和 AI（人工智能）两者的结合运用，即智能 RPA 技术或者 IPA（intelligent process automation，智能流程自动化）技术带来了一股非常独特的智能化应用的发展潮流，能够胜任复杂的财务核算、合同和报告审阅、供应链自动调度等原先需要很多领域知识、专家经验才能进行的工作。

1.2.2 财务机器人的功能及特点

1. 财务机器人的功能

财务机器人能够模拟人工操作和人工判断，用户在计算机上的全部操作行为都能够记录，类似鼠标移动、单击、键盘录入、触发调用 Windows 桌面操作系统及各种应用，如编辑 Word/Excel、收发 Outlook 邮件、文件打印、网页单击、录音录屏、打开远程服务器、启动摄像头、SAP 客户端单击、业务应用客户端单击、ERP 系统单击等诸多工作任务。财务机器人会将这些工作任务抽象成计算机能够理解和处理的事项，并且按照约定的规划来完成数据采集和录入、文件上传和下载、图像识别和文本处理、数据加工和分析、管理和监控流程及信息输出和反馈。

1）数据采集和录入

数据采集是 RPA 财务机器人基础性的功能之一，也是 RPA 财务机器人后续系统性管理工作任务实现的基础。通过学习传统模式下人工作业的手工录入方法，对整个录入过程进行自动检索控制；通过关键字的提取对数据进行复制、粘贴以及迁移，保存在不同的工作管理系统内。例如，财务信息涵盖资产、投资、人力资源、成本费用、销售收入和预算等，这些信息需要人工登录不同的系统，并运用相关命令，把数据维护到资料库中，每次操作需要占用大量的人工精力，而财务机器人可以快速、不停地处理大量重复性工作，节省大量时间。

2）文件上传和下载

财务机器人通过对文件上传和下载完成控制指令，能够按照预先所设计的工作流程完成该项操作任务，登录到外部平台后，通过第三方网站对文件进行下载，获取文件后将文件上传，这样能够选择所要上传的客户信息，也能够通过各种方法使客户信息上传后进入更理想的综合控制状态。例如首家试水机器人的中央企业，引入财务机器人自动记录银行贷款记录的功能，并自动发送邮件给指定的人员确认款项事项。

3）图像识别和文本处理

图像识别和文本处理是 RPA 机器人必不可少的一个环节。采用 OCR+NLP（光学字符识别 + 自然语言处理）技术对所扫描后的文本图像进行预处理，提取图像中的关键信息并输入，从而达到结构化的数据信息处理效果，为后续审核分析提供有用的决策信息。例如，传统的人工审阅合同的方式效率较低，对合同关键信息审核的准确性、及时性要求高。同时，合同分析对专家经验依赖度高。财务机器人可以利用 OCR+NLP 技术，对合同相关字段进行自动提取，再进行自动录入工作。

4）数据加工和分析

财务机器人对处理完的数据还可以进行进一步的加工，如检查、筛选、分类、计算、校验、汇总等，在对所获得的数据信息进行完整记录以及检查核验后，通过多方数据信息汇总的整合，形成财务处理过程中的数据结合，并且在对数据进行检索处理时主动发现问题，对异常数据进行差异化处理。

5）管理和监控流程

传统财务工作模式下，工作人员在处理大量重复性的工作任务时极容易出现疲劳，导致最终工作任务处理质量下降，包括数据统计、汇报保存等。一旦在过程中出现问题，将会影响到最终结果精准度，也不利于整体工作质量提升。但由于缺乏过程性监管，出现问题后找到问题具体所在位置需要浪费大量时间。财务机器人能够有效规避此类风险发生，达到更准确的数据信息控制效果，高速响应财务工作的变化以及拓展功能需求，并对财务系统自动化监管，达到有效事前控制、事中流程监管的效果。

6）信息输出和反馈

信息输出和反馈阶段主要是利用财务机器人的基本模拟判断，达到对工作流程全过程分配,并得出标准报告,明确财务控制中的规则,对各项通知进行自动化信息处理。例如,在财务管理流程中,需要向其他节点、员工、供应链、客户等推送相关信息通知,这一点在 RPA 机器人内部可以通过关键字段识别的方法自动完成。

综上所述,RPA 财务机器人可以执行具有规则性的工作任务,在固定的程序脚本编写下,机械式地完成财务处理任务,完全替代人工作业,并且具有语言识别能力、机器视觉能力等;在对报表、合同等进行人工处理时,可达到人工作业所不能超越的工作效率与工作质量,去完成面向预测、决策、规划、控制与评价职能的管理会计工作。

2. 财务机器人的特点

RPA 财务机器人应用在财务管理领域中,完全替代了人工作业,具有执行精准度高、处理效率快的特点,使用过程中可以应付财务系统大量重复的日常事务。

1)不是代替财务人员,而是人机协作共生

虽然 RPA 可以实现流程的自动化,但是并非所有财务工作,机器人都能胜任。RPA 的出现,更多的是起到了财务工作方式转换器的作用。放眼未来,财务人员和 RPA 的关系应当是人机协作共生。人工协作方法仍然是 RPA 机器人完成主要操作任务,将重要通知下发给审计人员,再进行人工处理,这样既将控制权交给 RPA 机器人,也保证了人工监管在其中的作用发挥。

2)不是代替现有系统,而是非侵入式的业务协同

财务机器人作为财务人员和信息系统之间、信息系统和信息系统之间的"黏合剂"与"连接器",在现有安全和数据规则下对标准进行整合,完全替代人工操作方式访问当前系统,并不是以外部入侵形式部署,而是配置在当前信息系统之外,能够有效降低传统 IT 部署中出现的风险和复杂性。

3)基于明确的规则模拟财务人员手工操作及交互

其在整个流程中需要明确指令,包括输入指令与输出指令,不得在无法定义的前提下执行任务,RPA 机器人替代人工完成机械式操作流程,在研发时便有明确的规则编写脚本,因此 RPA 机器人能够模拟财务人员完成日常工作任务,包括选择、复制、粘贴、录入等一系列工作流程。

4)部署无区域限制,可以全天候工作

RPA 机器人是以外挂部署形式出现在电脑客户端的因子,无论何时何地使用都不会受环境影响,并且在使用成本上也不会提升。财务机器人一旦上线运行,可以保持规则如一,做到 7×24 小时无人值守的不间断稳定工作。

5)安全性和可靠性高

财务工作往往涉及一些敏感财务数据的操作,如果这些数据是手工处理的,可能会存在篡改和泄露的人为操作风险。如果使用机器人来处理,可以减少相关人员接触敏感数据,降低欺诈和违规的可能性,操作过程可以进行隐藏。此外,机器人可以通过不断记录工作日志和工作录像数据使其易于跟踪,并在系统关闭或出现其他故障的情况下提供有用的信息,以便进行故障排除和改进。这些日志和录像数据也可以用于监控机器人的性能和运行情况,以便进行优化和改进。此外,这些数据还可以用于验证和审计机器人的工作过程,以确保其符合组织的政策和标准,并且可以用于培训新的机器人操作员,

以帮助他们更好地理解机器人的工作原理和最佳实践。总之，工作日志和录像数据对于有效管理与监控机器人非常重要，可以帮助组织提高效率和准确性，并确保机器人与组织的政策和标准一致。

6）低代码开发，可拓展性强

RPA 财务机器人开发使用的是说明性步骤，低代码开发。很多简单的财务自动化流程是可以通过记录、应用就配置完成的，编程经验不足的财务人员也能操控它并将复杂的流程自动化，但保持流程的持续改善需要设计技巧。RPA 开发平台具有强大的可伸缩性，功能扩展较方便。企业可以建立 RPA 卓越中心（center of excellence，CoE），一个运行良好的卓越中心可以在机制上保障机器人的可扩展性管理。

1.2.3　财务机器人的发展背景

财务机器人在企业中可以被定义为虚拟劳动力，在财务工作中用于可明确规则的反复性工作流程，财务机器人可以在特定的流程节点替代人工操作以及对财务自动化判断。随着越来越多的厂商推出财务机器人，财务机器人在企业中得到良好的推广和应用。财务机器人被企业广泛应用，主要是基于以下三个原因：企业变革驱动、业务特点吻合和财务共享服务中心大量出现。

1. 企业变革驱动

企业在发展过程中，会接触到大量混杂的数据，需要从这些数据中高效、准确地筛选出有效数据，并利用这些有效数据去创造更高的价值。财务是企业经营中自然而然所形成的大数据中心，更是企业数字化变革的切入点，RPA 机器人的使用替代了传统人工模式，在财务系统中能够在系统化工作内自动获取数据，提升数据获取效率，达到数据高效匹配的效果。传统财务管理工作模式，不仅处理效率低，而且在信息与企业经营发展的匹配度上也难以控制，各项管理决策的生成数据使用效率不理想。RPA 机器人顺应企业数字化发展需求，通过数字化变革，为财务变革与转型奠定了数据基础。RPA 财务机器人完全模拟人工财务操作过程，是在明确规则指定下开展的，使传统财务管理流程更加简便，使财务人力资源投入的附加价值得到解放，不仅降低了企业财务管理的成本投入，也使工作效率得到明显提升，使更多财务人员转行从事更有价值的工作，帮助企业均衡人力资源分配，为企业发展提供有效支撑。

2. 业务特点吻合

在使用 RPA 技术时，需要在有明确定义、重复的过程中执行任务。这一点与财务系统工作特征十分吻合。企业财务系统是一个规则性较强的领域，拥有大量的重复性任务，需要手工完成操作，在手工操作中，由于工作任务量比较大，极容易出现错误。RPA 技术运用后，在其运行特点上与企业财务系统工作需求高度匹配，不仅能够节约人力资源使用量，并且在时间成本上也有明显的缩减，避免人工操作失误。RPA 技术在其明确定义与重复性过程的运转下，可形成规模化处理，不仅提升企业财务流转效率，也使财务控制管理的整体成本得到缩减。RPA 技术运用在财务领域中，由于 RPA 技术自身与财务业务高度匹配，能够极大地发挥财务业务的附加价值。

3. 财务共享服务中心大量出现

财务共享服务中心是依托数字化技术、信息化技术为企业服务的。目前，越来越多的大型企业以及集团成立完善的财务共享中心运行模式。财务共享模式对于企业传统财务管理模式而言，是一种全新的管理方案，拥有大量新技术，在新技术运用下提升内部组织工作效率，于是财务机器人作为流程节点提高工作质量、提升工作效率的有力工具得到推崇。财务共享服务中心的大量产生为 RPA 财务机器人的使用奠定了良好根基。

1.3　RPA 财务机器人项目实施策略

企业是否适合建立并实施财务机器人，可从业务流程痛点、财务机器人实现的可行性进行评估。经过评估，确定企业适合建立财务机器人之后，方可展开实施。

1.3.1　财务机器人实施前的必要性与可行性分析

1. 必要性分析：流程痛点

企业传统的财务工作依赖人工作业，虽然人工作业在特殊问题上处理能力更强，但对于枯燥性、重复性较高的工作，会出现工作效率下降、手工密集程度高影响到工作质量的问题，导致企业在人力资源方面投入成本居高不下，这也是企业在财务流程管理中存在的主要痛点。

第一，业务系统集成困难，导致业务出错率高。大多数企业目前使用的是外部第三方提供的财务信息系统，这类信息系统和企业其他应用没有接口，无法实现统一登录、数据多点同步应用等；在同时处理多个数据的任务中，需要跨系统、跨岗位进行数据交互，数据交互处理中手工操作复杂程度高，这一环节也容易产生错误。

第二，财务数据滞后。数据处理中，大量信息没有录入自动化系统，是以文本结构存在的，导致数据的汇总与统计需要对文本数据进行多次加工，无法做到实时化的信息反馈。

第三，业务合规存在风险。在时间成本与人力成本上，某些合规审计工作只能采用抽样方法进行，并不能在企业财务系统中全面覆盖。

2. 技术可行性分析

RPA 财务机器人是企业财务管理中智能化转型的重要基础，需要经过一段时间进行准备，保障 RPA 财务机器人在企业财务系统中稳定运行，财务机器人可实现性的决定因素可归纳为流程规范性、数字化程度、环境稳定性和知识充足性四个方面。

（1）流程规范性。RPA 技术的有效应用必须建立在企业内部具备一定标准化、规则化流程的前提下。财务 RPA 最适合具有清晰定义和极少例外情况下的重复与确定性流程。典型的财务共享服务中心常见流程的不少业务处理环节都具备高度的标准化、高度的重复性特点，符合财务 RPA 的适用标准，因此 RPA 机器人软件在财务共享服务中心有着广阔的利用空间。

（2）数字化程度。机器人对单据文件的处理须建立在文件已经数字化的基础上，

RPA 技术要求企业内部已基本实现信息化和数字化建设。财务 RPA 擅长对大量结构化、数字化的数据和信息进行识别处理。在输入端，结合了光学字符识别技术、自然语言处理等 AI 认知技术的 RPA，还可进一步实现对非结构化数据的处理。例如，OCR 把纸质的凭证、账册、合同的信息扫描到计算机里，并识别为电子逻辑信息，然后交给机器人去记账、出具报表。

（3）环境稳定性。RPA 机器人必须运行在稳定的环境下。减少网络连接速度、页面打开速度、文件打开速度、人为干扰等环境因素对 RPA 软件机器人运行的影响，可以更好地使 RPA 发挥出功能。同时还应当具备完善的 RPA 软件机器人异常处理机制，从而使 RPA 机器人保持在高速度、高质量的工作状态。

（4）知识充足性。RPA 技术方面相比传统的软件开发管理过程难度有所降低，但是如果人员的知识储备充足，具备一定的软件编程语言、信息化系统基础，包括熟悉对应 RPA 平台运行的知识储备，会更利于 RPA 战略在企业财税方面的后续执行，增加 RPA 实现的可能性。

3. 财务可行性分析

企业在 RPA 实施中所投入的总成本，可以分为以下三个阶段共七个组成部分。

第一阶段即 RPA 部署之前阶段的成本投入，包括：RPA 或其他相关软件的许可证购买成本；服务器、PC（个人计算机）、操作系统、数据库等基础设施投资成本；附加解决方案的投入成本，即由于引入 RPA 而给其他系统带来的适应性改造或集成工作所带来的成本。

第二阶段即 RPA 部署阶段的成本投入，包括：对 RPA 流程的评估、优化、改进等咨询服务成本；RPA 流程的设计、开发、测试等实施成本。

第三阶段即 RPA 部署之后阶段的成本投入，包括：RPA 流程的监控维护以及技术支持相关的投入成本；培训、宣传、推广和变更管理所带来的成本。

就目前情况而言，咨询服务成本约占上述总成本的一半，软件许可成本约占 1/4。每家企业对以上七项成本的投入方式不尽相同，可依据自身的能力情况作出不同的选择。基础能力较强的企业，可以由内部的企业员工来负责完成其中的部分。

实施 RPA 的收益主要包含以下四个方面。

首先是由于 RPA 加速了企业的整体数字化转型进程而带来的收益。RPA 加速了企业原有信息化系统的处理过程，提高了供应链上下游以及企业内外部的信息沟通效率，也就相当于加速了原有产品或服务的运营效率，企业便有机会推出更多的新产品和新服务。新老产品都将给企业带来更高的营业收入和附加利润。

其次，RPA 帮助企业节省合规和审计成本。RPA 有助于减少企业原有作业中的人为操作错误，规避可能出现的合规风险，相应地减少企业合规审查和审计工作的处理工作量。

再次，RPA 给企业带来人力投入成本的节省。这是 RPA 给企业带来的最大也是最明显的一部分收益。RPA 替代了人类员工的手工操作，直接节省的人工成本可以通过人工工时进行衡量。另外，RPA 还避免了由于企业业务扩展而需要雇用新员工的人力成本。RPA 变成了一种对人力资源的替代性采购策略，将人的采购成本替代为 RPA 的采购成本，同步节省了人力资源部门大量的招聘和入职流程工作内容。

最后，RPA 可避免企业的数据错误，并节省需要人工弥补这些错误而带来的额外劳动成本。在使用 RPA 之前，企业不同应用系统之间、应用系统与员工手工保存的数据之间经常存在不匹配的情况。员工必须通过手动验证来解决业务处理中的这些细节问题，这通常是一个耗时耗力的过程。使用 RPA 之后，机器人可以不断搜索系统记录中的错误类型，基于已定义的校验规则调整这些错误数据，并自动通知人类员工来完成数据的修复。

1.3.2　财务机器人的实施框架

RPA 机器人实施与企业其他信息系统极其相似，主要从策略与评估、设计与构建、实施上线、运营与优化四个步骤开展。由于发展规模不同，企业在财务业务处理的复杂程度上有明显差异，因此不同企业在财务机器安装选择中会对具体步骤进行调整，结合自身财务系统需求与特点，选择成本最优、效率最高的机器人步骤。

1. 策略与评估

财务机器人实施的第一步是确定财务机器人的实施策略，并且对整体实施方案进行评估，它决定了财务机器人的实施能否成功地为企业现存问题提供有效的解决方案。这个阶段需处理的工作包括：确定方案策略与指导原则；针对需求梳理，评估业务流程；供应商评估与选择；明确机器人方案适配性；投入产出评估与实施优先级排序。通过与企业的发展目标和期望保持一致，做好 RPA 实施的战略定位，这对于后续的 RPA 构建及上线有着重要的意义。

1）确定方案策略与指导原则

在实施 RPA 机器人的过程中，其整体方案的指导性原则与企业经营管理策略十分相似，能够在企业经营管理中通过前期评估、中期测试、后期优化升级，达到全面管理效果。企业在制定 RPA 财务管理方案阶段，要确定实施目的、实施框架以及责任分工、经费预算等。

实施目的：通过 RPA 财务机器人部署实施，对企业传统财务管理业务流程进行优化升级，解决企业业务流程中的痛点问题。

实施框架：大致分为三个步骤，第一是前期评估，分析企业当前财务系统是否适合 RPA 财务机器人部署使用；第二是中期测试，测试 RPA 机器人在业务流程、软件配置上是否达到预期效果；第三是运营与优化，根据 RPA 机器人的日常使用情况定期维护，在运营阶段遇到问题时实时反馈、优化解决。企业可依次制定适合本企业的实施框架，框架应尽可能详尽。

责任分工：RPA 作为企业日常运转中的数字化劳动力，能够应用于规范流程从而给企业带来效益，使企业管理达到均衡，所以不单单是财务部门的责任。RPA 财务机器人得到企业管理层的广泛认可，可由财务部门牵头部署后，IT 部门积极参与其中，促进 RPA 机器人全面落实，基层员工也应参与其中，了解 RPA 优势的同时积极应对 RPA 给自身工作带来的挑战。

经费预算：RPA 机器人部署实施需要充足的经费保障。由于在部署过程中涉及企业传统自动化业务的流程改造与升级，在软件应用配置与开发商方面也需要投入经费用于运营和维护。在经费预算上，要尽可能详细，保障后续项目顺利开展。

2）针对需求梳理，评估业务流程

以企业的目标需求为方向，进行企业业务流程梳理，评估各项业务流程的特点，从中选择适合企业财务机器人实施的业务流程。

3）供应商评估与选择

企业对供应商进行选择时需要打量自身，了解企业自身的需求，还要考量对方，选择适合的供应商，从而找到最适合本企业需求的供应商进行合作。对于计划实施 RPA 的企业，其需求可能包括管理项目咨询团队（用以提供成套 RPA 实施解决方案）、RPA 软件供应商、联合培训团队（包括技术培训与专业人才培养）以及企业 RPA 运营维护的能力。

供应商评估的基本准则是质量、成本、交付与服务，以这几项原则为供应商评估的核心。在这四者中，质量是最为重要的，需要确认供应商是否拥有一套完整的质量保障体系，是否具有提供所需特定方案的能力，确保供应商满足本企业的特定需求。在成本与价格控制上，需要综合考虑涉及 RPA 机器人部署的所有费用，并在不同供应商之间进行比价。在交付时，需确保供应商拥有足够的生产力、人力资源，能够用于财务机器人在企业的部署以及升级改造。在服务方面，需要评估了解供应商售前服务和售后服务的信用，为整个 RPA 项目的执行提供保障。

4）明确机器人方案适配性

企业要明确 RPA 机器人与企业当前业务流程之间的适配性现状，灵活运用评估标准对 RPA 机器人进行可部署性分析。

5）投入产出评估与实施优先级排序

尽管财务机器人的实施可以给企业带来诸多好处，但由于财务机器人实施所需初始投资大且技术难度高，因此，投入产出分析对于业务流程 RPA 项目评估是必要的。首先进行成本效益计算，从一类业务中选择一个流程，并确定手动执行该工作需要多长时间，用处理该过程的人数乘以平均每人处理此过程需要的时间，再找出部门的平均小时报酬，可以粗略估计执行该任务的人力成本。

2. 设计与构建

财务机器人设计与构建包括三个方面：一是确定流程细节逻辑；二是确定基于 RPA 模式的新的业务流程；三是确定机器人软件配置与开发工作量。此处使用增值税进项发票管理机器人对 RPA 设计与构建的三个方面进行说明。

1）确定流程细节逻辑

RPA 是基于计算机编码和清晰明了的规则，开展的执行重复性工作任务的软件，是实现自动化流程代替手工活动的一种技术。在对整个流程的逻辑进行梳理和确定之前，需要对财务机器人的基础功能进行判断，确定业务流程的每一个步骤均可以运用 RPA 机器人实现，并确定实现替代的路径。目前市场上的 RPA 机器人在基础功能上包括数据检索、记录、图像识别处理、上传下载、数据加工、分析检测以及信息监控与产出等。基于财务机器人的适用场景，对业务进行流程升级再造时，需要确定每个业务流程步骤被 RPA 替换的细节逻辑。

2）确定基于 RPA 模式的新的业务流程

企业在确定业务流程所有环节的 RPA 替换逻辑后，需要将业务环节连成线，确定基于 RPA 模式的新的业务流程。RPA 业务流程不需要与人工业务环节完全达成一致，在保证流程完整的基础上，要考虑 RPA 自身优势，对业务流程进行环节的拆分或者合并，简化原本的业务流程。

3）确定机器人软件配置与开发工作量

软件配置。确定基于 RPA 模式的新的业务流程之后，可对业务流程中出现的软件或系统进行相应的软件配置。然而并不是每个新业务流程都是需要配置软件系统的，具体要看实际流程情况和现有软件配置情况。

人员配置。RPA 机器人实施上线则需要 IT 部门、业务人员以及供应商配合完成。其一般需要的人员包括：应用开发人员或主管，基础架构人员，业务分析师，技术业务分析师，IT 自动化经理，应用合规专家，项目经理。共同实现 RPA 机器人实施过程中的关键人员优化配置，才能顺利地实现 RPA 部署。这一过程也可以通过构建一个跨职能的部门来实现，这个部门即 RPA 卓越中心。

RPA 卓越中心是在企业早期推出 RPA 时创建的，是用于支持 RPA 机器人的实现和正在进行的部署。这个团队使用 RPA 工具和技术经验来识别与管理正在进行的 RPA 实施。

3. 实施上线

1）软件配置与开发

在对软件产品进行选择时，要综合化考虑成本、规模、功能等，包括软件产品与企业财务管理功能之间的契合度，通过案例对比分析的方法，确保 RPA 机器人实施后，后续运营维护都达到最优效果。如果企业不计划直接在市场上采购第三方 RPA 产品，可由企业内部 IT 部门结合企业自身业务或管理特征进行自主研发。现在市场上的第三方 RPA 产品软件许可证费用比较高，在使用过程中功能匹配程度比较完善，开发工具强大，因此开发周期短，维护成本也比较低。而自主研发的 RPA 产品并不需要软件许可证费用，只是针对功能进行研发，其优势是能够与企业原有业务和管理特点达成深度一致；其缺点是研发周期性较长，后续维护成本比较高，功能相对比较单一。究竟最终如何选择，要看企业的实际需要和预算（投入产出比）。

2）协调组织流程测试

对基于 RPA 的新的业务流程协调组织测试，对流程各节点及整个流程的优化和改进是机器人自动化流程试点上线的必经阶段。流程测试环节主要是发现新流程中的问题和不足，从而进一步优化调整，使企业所部署的 RPA 财务机器人得到功能上的保障。

3）机器人自动化流程试点上线

对 RPA 新业务流程测试、优化和改进后，方可进入下一阶段——试点上线。通过对流程梳理评估后 RPA 适配度最高的业务流程进行 RPA 试点运行，证明财务机器人战略的可行性。

4）机器人自动化流程推广上线

财务机器人是在试点上线的基础上推广上线的，从而实现财务机器人在企业的全流程、全场景、全范围上线。这一阶段需要对企业业务目标进行全面定义，通过流程自动化重新评估及部分流程设计，建立完整的部署方案图，陆续开发财务机器人，并对财务机器人的管理模型进行优化调整。同时，培训员工应具备财务机器人的发现、设计、管理以及维护能力，并且建立完善的组织治理结构和卓越中心，完善包括 KPI（关键绩效指标）、持续改进机制、培训及沟通方式。

4. 运营与优化

在 RPA 财务机器人实施上线后，需要对项目进行长期关注，确保 RPA 财务机器人在日常使用中得到及时维护，同时收集运营阶段的各项反馈，这些都将作为 RPA 配置调整的重要参照，从而保障财务机器人项目的延续性。

1）机器人软件工具的日常维护

RPA 机器人作为企业的虚拟劳动力，在使用中需要根据预先设定的程序与现有用户系统进行交互并完成预期的工作任务。在使用 RPA 机器人的过程中，软件工具是最基础也是最重要的资产。对软件工具进行日常的维护，有助于避免软件使用时突发性障碍的发生，同时保障 RPA 机器人达到最理想的运行使用状态。

财务机器人最显著的特点在于节约人力成本和提升数据输入效率与准确率。通常情况下，财务机器人能够保持全天候不间断工作模式，也正是这一不间断的工作特征，导致硬件使用中的消耗磨损更大，给软件运行带来了一定程度的隐患。此外，理论上，在保证提供正确信息的前提下，机器人的输入准确率可以达到 100%，容易让企业对财务机器人的输出结果产生高度信赖，但是财务机器人是基于特定指令进行批量操作的，若是人工在定义某个指令或程序有错误，那么财务机器人输出结果的错误会呈现倍数放大，直接影响财务人员的决策，造成不可估量的后果。因此，进行计算机硬件设施和软件工具的日常维护是必不可少的。

财务机器人的日常维护由财务部门和 IT 部门共同完成，需要设置《财务机器人维护日志》，对每次维护时发现的异常进行记录，并给出解决方案。

2）收集运营阶段的反馈

由于企业业务领域的拓展、战略目标的转变以及 RPA 技术的进步，希望通过一场 RPA 技术变革建立一个一成不变的基于 RPA 的业务流程是不现实的。RPA 机器人的实施过程是一个持续演化的过程，对于运营阶段的反馈收集也需要持续性开展，从而不间断地进行自我优化。只有达到这一理念，才能保证 RPA 机器人使用中的整体功能最大效能发挥。

在 RPA 财务机器人自我优化过程中，需要对运营阶段的各类信息进行收集、反馈，了解业务人员的工作业务领域，并制订业务优化目标，这样才能对传统业务流程进行优化改造，符合企业财务管理特征与需求；法律法规等的变化可能带来账务处理流程的改变，这些都对现有的基于 RPA 的业务流程提出了挑战。收集财务机器人运营阶段来自业务人员及 IT 部门人员的反馈，并进行优化解决，将使基于财务机器人的新业务流程更加完善、快捷、高效。

企业财务管理人员应建立问题日志，对问题反馈机制进行完善，保证 RPA 机器人日常检测与维护所产生的问题完整记录在日志内，用于后续与高层领导商讨解决方案，对于重大问题的反馈，反馈人员可直接与项目负责人或高层领导进行沟通。

3）根据运营阶段的反馈调整 RPA 配置

财务机器人在部署实施中，实现了企业传统财务业务流程向自动化流程的改变。而财务机器人根据运营阶段的反馈进行持续改进，使得财务机器人更贴合企业业务的发展方向。可以通过设置问题日志的方式，确保财务机器人持续改进，方便调整 RPA 配置。

为了保证财务机器人的持续优化，完成 RPA 配置调整之后，需持续关注项目的运行情况，并进一步进行流程、软件系统、管理的优化与改造。企业应树立随需应变、持续优化的观念，使财务机器人成长性不断增强、性能不断优化。

1.3.3 财务机器人适用的标准和流程

1. 财务机器人适用的标准

财务机器人的应用场景要符合大量重复、规则明确两个特点，因此更适合使用在拥有清晰定义、极少出现例外的重复性过程。例如，企业日常销售活动中的大量交易活动，可通过特定软件算法，与多个应用程序进行数据信息交换，完成高效的管理任务，在用户界面执行相关事务处理流程。

1）基于标准化规则操作的业务

RPA 机器人是模仿人类行为，通过已有的信息化系统接口，自动完成重复化流程，是按照规定规则进行自动化产出，适用于规则明确、标准化程度高的业务处理流程。标准化流程通常是低附加值流程，类似审核票据、开具发票、支付款项、录入凭证等工作。而在一些经营类的工作中，由于特殊情况比较多，难以用规则进行业务流程定义，往往不适合财务机器人使用。

2）结构化、数字化的信息

RPA 机器人能对大量结构化、数字化的数据和信息通过光学字符识别技术进行处理，将外界信息转化为计算机系统可以处理的信息，再通过机器人完成后续处理任务。例如，通过光学字符识别技术对增值税发票进行识别，获取电子信息，用于后续的流程审批、凭证录入、款项支付等财务环节。

3）大量重复的流程

运用财务机器人处理业务时需要投入一定的人力与资金，所以适用的流程必须是企业使用频繁或比较耗费员工精力的价值比较高的流程。财务机器人应该被用于大容量数据的采集、核对、计算、验证等，这些流程如果由人工来操作，那么出错率和人力成本将会明显增加。流程还应具备重复性，有规则的、可被数字化的触发指令和输入，如每天大量的交易支付和费用单据的审核，流程无法适用于未提前定义的突发情况。在典型的财务共享服务中心常见的流程中，不少业务处理节点都具备高度的标准化、高度的重复性特征，符合财务机器人的适用标准，所以机器人软件在财务共享服务中心有着被广泛利用的空间。

2. 财务机器人适用的流程

常见的财务流程，包括费用报销、采购到付款、订单到收款、固定资产管理、存货到成本、总账到报表、资金管理、税务管理、档案管理、预算管理、绩效管理、管控与合规等，财务机器人均可适用，该类场景具有极强的重复性与规则性，符合财务机器人的使用标准。

1）费用报销

（1）报销单据接收：财务机器人支持多渠道发票信息的收集，通过对各类发票和单据自动识别并进行分类汇总，用于报销流程的发起、填写和提交。

（2）费用报销智能审核：根据企业规章制度，制定好费用报销的审核步骤，将审核步骤部署至费用报销系统，财务机器人自行按照制定好的标准执行审核步骤，如校验发票的真伪、校验发票是否开具错误、检验发票是否存在重复报销、根据企业预算计划进行费用控制、进行费用报销标准的审核等，并且对整个审核步骤结果进行记录，若存在不符合标准的申请，会邮件通知申请人。

（3）自动付款：报销流程审核通过后，会进入待付款清单列表，并自动生成付款单，财务机器人按照付款计划进行款项支付。

（4）账务处理及报告：付款单根据财务做账规则自动编制会计凭证，然后凭证自动提交、过账，形成财务报告。财务报告及其分析报告自动发送至指定的公司高层。

2）采购到付款

采购到付款是企业的重要流程之一，包含请款单处理、采购付款、账务处理及报告、供应商对账、供应商主数据维护、供应商资质审核等环节。财务机器人可以自动实现大多数采购付款流程。

（1）请款单处理：财务机器人利用光学字符识别技术对请款单进行扫描识别，获取其中的关键信息，将关键信息录入 ERP 系统，同时对上下游关联的采购订单信息、发票信息、入库信息进行多方匹配，确保上下游关联的一致性。

（2）采购付款：财务机器人提取审核通过的采购付款单中的金额、银行信息等信息，提交至网银等第三方付款系统，进行后续的付款操作。

（3）账务处理及报告：财务机器人根据财务做账规则自动编制会计凭证，然后自动提交凭证、过账，形成报告。报告及其分析报告自动发送至指定的人员。

（4）供应商对账：财务机器人在提前设置好的启动时间内登录财务系统，按照规定的对账对象和对账时间，导出对账明细，一一发送给对应的供应商，同时抄送相关工作人员，以便后续工作的顺利进行。

（5）供应商主数据维护：根据供应商提供的电子资料信息，财务机器人进行自动识别，并将识别结果录入供应商模块，同时将电子资料作为附件上传。

（6）供应商资质审核：财务机器人根据供应商提供的各类资质证明，识别并按照设置好的规则进行审核，将初步审核结果录入审核系统或整理成文档，反馈给企业管理人员。

3）订单到收款

订单到收款是企业的重要流程之一，包含销售订单输入和变更、发票开具、返利管理、收款报销、客户信用审核、客户主数据维护等环节。高效的订单收款流程能够保障企业资金正常周转，而订单收款流程中比较有清晰步骤和规则的主要有以下几个流程。

（1）销售订单输入和变更：当客户发起电子订单或者变更电子订单时，财务机器人能够实现对电子订单内容的识别和传递，方便其他部门根据识别后的内容进行后续的订单处理。

（2）发票开具：财务机器人根据合同信息、订单信息以及客户信息开具发票，若是电子发票，直接发送给客户，若是纸质发票，则将开票信息发送给相关工作人员，由他们将纸质发票寄给客户。

（3）返利管理：财务机器人根据返利申请文档，登录返利管理系统，在系统中发起、提交返利申请流程，并将返利申请流程编号登记在文档中，发送给审批人进行审批。

（4）收款核销：财务机器人自动登录网银系统或者资金管理系统，获取收款数据，按照规则匹配客户订单或合同，并根据匹配结果登录财务系统进行收款核销。

（5）客户信用审核：财务机器人定期进行客户信用信息的查询，并将相关数据提供给授信模块，用于客户信用的评估和控制。

（6）客户主数据维护：财务机器人自动更新主数据变更信息并发布变更通知。

4）固定资产管理

固定资产管理流程能够保障企业固定资产的安全性，大大提高固定资产的可利用率。其中，资产卡片管理、资产变动管理、资产账龄分析等都可以通过财务机器人进行。

（1）资产卡片管理：财务机器人自动、批量对资产卡片变动情况进行更新。

（2）资产变动管理：财务机器人针对资产实物进行全程跟踪，记录、计量资产的价值变化。

（3）资产账龄分析：财务机器人根据资产的使用情况、购入时间、折旧情况进行资产分析。

5）存货到成本

存货到成本流程中，成本统计指标输入、成本与费用分摊和账务处理及报告等工作具备自动化条件，适用于财务机器人，具体子流程如下。

（1）成本统计指标输入：财务机器人输入存货成本指标并出具统计分析表。

（2）成本与费用分摊：对最终成本进行分摊时，按照流程和规则进行相应成本与费用分摊处理。

（3）账务处理及报告：财务机器人自动记账，实现物料在不同的核算范围按不同的计价方法核算，支持不同物料维度下的个别计价方法核算，并且支持存货成本按费用项目分项核算及成本结转；提供精确的成本分析数据，自动出具相关报告。

6）总账到报表

总账到报表流程中，关账、标准记账分录处理、关联交易处理、出具单体报表、出具合并报表等工作可借助财务机器人完成，具体子流程如下。

（1）关账：财务机器人将整个关账工作自动化处理，包括资金核对、往来账目核对、关联方账目核对、收入的确认、成本的确认、资产的确认等。在整个关账过程中，只要发现异常，便会一一登记在文档中，然后发送给对应会计人员进行人工处理。

（2）标准记账分录处理：对于一些有清晰规则的会计分录，由财务机器人自行录入。

（3）关联交易处理：关联公司之间的关联交易，由财务机器人进行自动关联交易处理。

（4）出具单体报表：财务机器人自行完成数据汇总、合并抵销、邮件数据催收、系统数据导出及处理等工作，自动出具模板化的单体报表。

（5）出具合并报表：财务机器人自动获取各家子公司提交的资料，一旦发现有子公司未提交资料，则自动发送邮件进行提醒。获取所有子公司材料后，机器人根据报表合并规则进行处理，最终出具合并报表，并发送给指定的企业高层。

7）资金管理

资金管理是日常工作中重复性较高的一项工作，财务机器人能够减少人工工作量，适用于财务机器人的具体子流程如下。

（1）银企对账：由财务机器人自动获取银行流水及银行财务数据，完成银行账单和财务账单的核对，并自动出具银行余额调节表。

（2）付款处理：由财务机器人根据审批通过的付款申请流程，结合资金使用计划进行付款处理。

（3）支付指令查询：在资金支付动作完成后，财务机器人自动登录网银平台，查看银行的反馈结果，并将反馈结果整理成文档，发送给指定相关人员。

8）税务管理

在税务管理中应用财务机器人，可以自动完成纳税申报准备、税务数据获取并维护、涉税数据核对校验、纳税申报、账务处理及提醒、增值税发票开具、进销项差额提醒、发票验真等，具体流程如下。

（1）纳税申报准备：财务机器人自动登录到财务系统，导出财务报表、科目余额表、进项抵扣数据等财务资料，按照税务局申报规则从资料中抓取数据并整理，形成纳税申报基础数据。

（2）税务数据获取并维护：财务机器人将企业基础信息作为依据，用于纳税申报表底稿的生成。

（3）涉税数据核对校验：财务机器人在执行过程中，将发现的需要调整的差异情况，如税额数据差异等，按照指定规则进行调整；按照校验规则进行报表的校验；将校验好的材料放置在指定文件夹，方便税务人员查阅。

（4）纳税申报：财务机器人根据纳税申报表底稿的数据，自动登录到税务局官网，进入纳税申报模块进行纳税申报，然后根据申报结果进行税费缴交。上述流程完成后，将纳税申报数据下载放置在指定文件夹，方便税务人员查阅。

（5）账务处理及提醒：财务机器人根据纳税申报情况以及缴交的税款信息，登录到账务系统，进行相应的会计分录，完成后发送提醒给相关工作人员。

（6）增值税发票开具：财务机器人从开票申请流程中选择已审批通过的流程，将所涉及的开票需求整理成文档，然后自动登录到开票系统，依次进行增值税发票的开具。

（7）进销项差额提醒：进销项数据主要源自账务系统、开票系统以及增值税发票综合服务平台，机器人自动登录上述系统或平台，导出相关数据生成提醒表格，发送给相关工作人员。

（8）发票验真：财务机器人自动获取增值税发票信息，并将获取的信息填入国家税务总局全国增值税发票查验平台进行发票验真。

9）档案管理

企业档案要实现数字化，可以借助 OCR 工具，那么机器人就可以派上用场，具体流程如下。

（1）扫描：利用 OCR 技术对合同等纸质档案进行扫描，并对关键信息进行提取，整理生成电子文档，实现纸质档案的数字化转变。

（2）电子归档：RPA 机器人会将纸质文档扫描形成的电子文件进行自动归档，按照电子文件类型进行分类和汇总，建立电子档案数据库；财务机器人每月仅用数十小时的时间即可完成公司上万份文件的自动归档，无须人工操作，可节约大量时间。

（3）电子档案查询：RPA 机器人根据已经审批通过的电子档案查询申请流程，自动在电子档案库查找电子档案，并将查找到的电子档案作为附件回复给相应人员。

10）预算管理

预算管理在传统方式下是比较依赖人工操作的，其工作任务量较大，导致人工工作效率难以提升。而 RPA 机器人可以借助预先设计的模型，为预算管理决策提供一些参考，大幅度降低人工操作工作量。

（1）预算编制：财务机器人按年统筹预算、按季度滚动预算、按月调整预算，并对各部门、各项目费用自动编制。

（2）预算执行情况监测：在整个预算执行过程中，RPA 机器人会对预算的占用情况实时监测，对使用情况进行不定期的检查。

（3）预算报告创建：由 RPA 机器人根据历史数据与市场数据生成预算报告，创建预算与实际情况的差异报告，提供给管理人员参考。

11）绩效管理

财务机器人可用于绩效管理流程，其具体的子流程如下。

（1）产品效益分析：RPA 机器人根据产品的采购金额、费用金额、销售收入金额等，进行自动计算并分析产品的投入产出比。

（2）客户收益分析：由 RPA 机器人根据客户基本信息、订单信息等，分析客户特点和价值，为企业管理层在制订营销计划和市场方向选择中提供重要依据。

（3）成本收益分析：针对某项支出目标的实现方案，财务机器人计算出该方案的成本和收益，为执行者对该项支出进行评估提供参考。

（4）经营分析标准化报表：由 RPA 机器人自动登录多个网址，收集、整理同行业业绩报表，然后进行同行业分析。

12）管控与合规

财务主数据管理自动化和合规等工作有助于帮助管理者提高企业管控与合规水平，具体子流程如下。

（1）出具管控合规报告：财务机器人支持自动化的数据采集、整理和比较，以生成管控合规报告。

（2）财务主数据管理：财务机器人能够对主要财务数据进行分类整合，自动完成数据的补充与冗余数据删除，并将数据发送给企业范围内指定的部门使用，对分发范围和权限作出严格控制。

1.3.4　财务机器人的开发与部署

1. 财务机器人的开发

1）平台选择

智能自动化的广泛与加速使用正在给企业提供一种更加灵活、便捷的管理服务。财务机器人的上线，替代了财务流程中的手工操作，能够管理和监控各自动化财务流程，识别财务流程中的优化点，给财务工作带来新天地。未来，越来越多的企业可能需要部署财务机器人，如何选择合适的平台，将是企业部署财务机器人的思考难点。选择一个专业的开发平台，需要考虑平台能给企业带来什么、能不能达到最初的开发目的、平台在整个过程中是否起决定性的作用。

选择一个好的开发平台，首先可以有效减少系统中漏洞的存在，提高系统的高效稳定性；其次是开发速度快且简便，用户更容易操作；再次体现在运维方面，即使运维人员没有参与开发，但只要掌握了平台的使用及业务需求，仍然可以轻松了解如何进行维护；最后，从效益来看，更重要的是选择合适的开发平台，不仅可以大大缩短开发周期，还可以节约大量的成本。那么，到底如何选择合适的开发平台呢？应从开发语言、自动化功能完善程度、上手难易程度和界面友好性等方面考虑。

2）开发规范

为确保 RPA 项目的顺利开展，需要制定一套开发标准，从命名、格式、规范、版本等多个维度出发，应用到整个项目过程，同时编写功能模块介绍目录，以提高财务机器人项目开发的效率和质量。

（1）变量命名规范。目前，业界最为流行的三种变量命名法则为驼峰命名法、匈牙利命名法和帕斯卡命名法。驼峰命名法也称骆驼式命名法，是指混合使用大小写字母来构成变量和函数的名字；匈牙利命名法的基本原则是：变量名＝属性＋类型＋对象描述，其中每一对象的名称都要求有明确的含义，可以取对象名字全称或名字的一部分，主要是基于容易记忆理解的原则；帕斯卡命名法与驼峰命名法类似，只不过驼峰命名法是首字母小写，而帕斯卡命名法是首字母大写。总体来说，开发人员的编码风格不同，变量命名自然也不同，但是变量命名最重要的是要能体现其具体意义，变量名要方便阅读，不能太长，也不能太短，应让使用者一眼看过去就大致知道该变量代表的是什么数据类型。

（2）文件命名与存储。规范文件的命名与存储，能将文件合理归类，帮助我们及时找到文件。项目开发中的文件命名应当符合应用场景，符合规定的命名原则，使团队成员能够看懂，也方便使用者查找以及修改。文件命名结构通常是项目命名词（或项目编号）＋文件命名词＋文件作者＋日期＋版本号.文件后缀。例如：2022 年 12 月财务报表-财务部张三-20230101-V1.0. xlsx。该文件的名字主要由五部分组成：第一部分阐述了文件主题；第二部分为文件所属类别，如所属工作部门、工作内容等；第三部分是文件创建者的名字；第四部分是当前文件的生成日期；第五部分则是对文件进行阶段标识，便于版本管理。规范的文件命名满足了沟通的需要，可以让使用者一眼明白文件的主题。另外，在开发的过程中，对于需要出具的报告或者其他编制的文件可统一放入名为"模板文件"的文件夹，存储于根目录下，便于多次重复运行程序。

（3）流程步骤命名。流程步骤命名根据所开发项目的财务工作流程的主要特点，能够清晰、明了地表达出各模块所处理的业务或是所实现的功能。了解业务目的、业务实际工作流程以及行业领域的专业术语后，结合行业背景，可以根据业务需求命名开发步骤，也可以根据业务功能命名，同时要考虑到业务逻辑以及所需的业务数据。例如财务指标分析机器人的自动化流程，按照财务工作功能大致可分为财务数据获取、财务数据汇总、财务指标计算、财务指标分析四个步骤。

（4）文件格式规范。财务工作使用最多的软件就是 Microsoft Excel，因为列表是对数据最直观的展现，在表格内进行快速编辑、合并单元格、汇总统计、上下排序等都是机器人可以快速实现的功能。财务工作涉及大量数据处理，结构化的表格设计尤为重要。表格设计既要体现关键工作表数据，又要注意中间表所起的数据转移作用。财务工作表格设计需要根据实际工作需求，同时考虑机器人运行的情况。项目开发人员根据对财务工作需求的理解，详细设计业务模块，并设计出详细文档。

（5）操作日志规范。操作日志是财务机器人在运行过程中根据项目情况对关键操作的记录，具备可回溯性，能够抓取问题现场信息，指引开发人员查找错误、定位问题。操作日志记录点一般设置在重要功能、敏感信息以及人机协作处，主要考虑易出错的流程节点，要做到尽可能细致，但重点在记录行为上。例如，应该记录操作的频率和出现异常最多的地方，以便开发人员更好地了解机器人的运行情况并解决问题，从而提高机器人的可靠性和稳定性。

（6）信息提示规范。财务机器人的每一个状态与操作，应尽量采用右下角弹窗的形式，使用户清晰地知道当前机器人的状态与需要进行的操作。为了避免人为操作失误引起不必要的异常，财务机器人在自动运行时，需要在屏幕顶部写屏提示用户"机器人正在运行中，请勿使用鼠标和键盘!"。

（7）代码注释。代码注释包含财务流程的注释、每个活动的注释以及业务逻辑的注释。

（8）配置信息。项目所需要的配置信息应能在配置中用服务器存储到服务器端，需要经常修改的信息也可以存储到服务器端。

（9）版本控制。有了版本控制系统，可以浏览所有开发的历史记录，掌握开发进度，而且轻易地回滚到之前的版本。除此之外，还可以通过分支和标签的功能来发布不同版本的软件，如稳定版本、维护版本和开发中的版本等。多人协作开发时，尽量进行模块化开发，为不同的模块分配不同的开发节点，尽量不要修改同一个文件。

（10）异常捕获。财务机器人的运行需要拥有完善的异常捕获机制，包含系统异常和业务异常，并记录异常信息和截屏。在财务机器人开发过程中，开发人员可以依靠自身的编程技能和经验来提高代码的质量，通过代码审查来辅助完成：对于经验不足的开发人员所编写的代码，需要通过专门的代码检查环节进行审核，并提出改善意见。

3）开发流程

在开发流程前一般都会准备好 SDD（Software Design Document，软件设计文档），财务机器人会根据 SDD，逐步对复杂烦琐的财务流程进行步骤转化，将其生成为自动化脚本、流程图以及自动化程序。在开发流程中，若遇到在 SDD 当中没有描述清楚的内容，则需要进行 SDD 内容的补充，或者邀请财务工作人员直接参与到开发流程中，方便快速、准确地告知开发人员业务步骤与具体工作中的处理方式。RPA 项目的设计和开发通常是由同一个工作小组来完成的，或者由同一人完成，这样能够节约成员沟通所用的时间。

财务机器人在开发流程中，也会遇到突发问题，如某个界面的信息不支持抓取、某个单击位置元素经常变化、某个元素无法单击等，这些问题需要开发人员改变技术方法，以便开发流程的顺利进行。若遇到技术方法无法解决的情况，则需要财务人员提供新的业务流程替换原有的业务流程。

2. 财务机器人的部署

1）机器人部署模式

按照部署模式，财务机器人可以分为桌面部署、服务器部署、云端部署三种类型。企业在实际应用时，可以同时选择不同部署模式的机器人混合使用。

（1）桌面部署。将财务机器人部署到个人计算机上，可以使财务人员直接看到机器人的运行过程和运行结果，帮助财务人员高效地执行任务、提高工作效率、降低错误率，但需要人为触发、控制、监督，且难以扩展。

（2）服务器部署。将财务机器人部署到服务器端的虚拟桌面环境中，实现端到端的自动化，拥有多种启动方式，能够实现机器人编排、管理与性能分析，但是需要专业人员手动管理、更改系统设置以及监督机器人的运行情况。

（3）云端部署。将财务机器人部署到公有云、私有云及混合云上，可以灵活扩展，进行高级分析和管理并实现动态负载均衡，但其在处理非结构化数据时易出现异常。通过云端部署，其可以在任何地方被访问，用户使用更加方便，并且按需计费，显著节约用户成本。国际知名信息技术研究和分析公司 Gartner 在《新技术：RPA 增强功能》一文中提出，预计在 2024 年，超过 20%的 RPA 部署将基于云端，"云交付"将是 RPA 发展的主要技术方向，然而考虑到安全和隐私、用户体验、迁移成本等诸多原因，在未打消其顾虑的前提下，很多组织并没有太强的动机迁到云端。

2）部署的流程步骤

为了高效、成功地部署财务机器人，同时最大限度地发挥其功效，企业在进行 RPA 财务机器人部署的时候，需要从以下八个流程步骤重点予以考虑。

（1）充分调查。机器人流程自动化是一个相对较新的技术和市场，企业在进行财务机器人部署之前，必须对候选产品有详细的了解。综合考量 RPA 厂商、供应商所提供的技术解决方案，为 RPA 创建坚实的业务案例，包括制定投资回报率指标等。

（2）明确部署流程。在部署 RPA 财务机器人之前，首先要评估企业现有财务流程的整体状况，找出最适合实施自动化的财务流程，确定最有可能看到积极影响的业务流程，以增加成功部署财务机器人的可能性。

（3）确定自动化的操作模式。企业应该根据自身情况确定，是要建立一整套流程自动化机制，还是单纯地想在工作中使用自动化，而不想花费太多资源建立一整套体系。不同的决定会影响自动化操作的模式以及采购方案。

（4）财务人员培训。作为一项颠覆性的技术，RPA 的实施和应用可能会引起企业部分财务工作人员的焦虑与疑问。例如，为什么 RPA 要部署在我们的公司或特定的财务流程？它会影响我的财务工作吗？因此，弄清这项技术对财务人员工作角色的影响非常重要。在开展财务自动化项目前，企业要确保财务工作人员清晰地了解财务机器人的本质、原因与方式，避免财务工作人员产生抵触情绪，这样才能更好地开展财务自动化项目。同时，引入 RPA 财务机器人之后，需要对受到影响的相关岗位进行调整，更新各岗位的职责和工作内容。

（5）建立 RPA 卓越中心。在 RPA 部署的早期阶段，构建一个跨职能的 RPA 卓越中心对于支持 RPA 的实施和企业正在进行的部署极为重要。卓越中心应该由企业财务部门、IT 部门等多个部门的成员组成，使用 RPA 工具和技术经验来识别与管理正在进行工作的财务机器人。

（6）数据安全保证。在企业实施财务流程自动化的过程中，数据安全保证是至关重要的。由于财务机器人在部署和实施过程中会访问企业内部的各种信息，包括商业机密和敏感数据，因此企业应采取必要的措施来确保数据的安全性。但有时企业可能会缺乏对信息安全的重视，可能会因为匆忙而为实现财务流程自动化投入大量精力，而忽视了数据安全的重要性。在这种情况下，企业可能会面临数据泄露、未经授权访问和其他安全问题的风险。为了避免这些问题，企业需要制定相应的数据安全策略和控制措施，并建立完善的数据安全管理体系。这样可以确保财务数据的安全和保密性，提高财务流程自动化的效率和可靠性。

（7）定期测试。成功部署 RPA 系统后，想让财务机器人更好地运行，企业需要进行定期测试，检查这些自动化工具，以便及时发现并解决潜在的问题。

（8）为未来的进步和挑战做好准备。RPA 在不断发展，企业跟上变化非常重要。随着财务机器人应用的增加以及更多人力被数字化为组织资本，未来，RPA 技术将提供更高级的认知能力并与人工智能进一步整合。RPA 不应被认为是一种独立的技术，它只是企业数字化转型路线的第一步。它的成功部署与实施将有助于企业在近期或长期从事更强大的技术更新。

1.3.5　财务机器人测试

流程测试是财务机器人项目上线之前的一个关键环节。完整、系统的测试有利于验证开发结果，覆盖业务场景和业务规则，规避潜在的功能性或者业务性的风险，从而保障项目的正常上线。整个流程开发结束后，需要对其进行系统调试，保证整个 RPA 流程顺利进行。此外在流程测试前，需要制定详细的流程测试方案，保障整个 RPA 项目很好地完成指定的业务流程。

1. 测试类型

测试类型总共有四个，分别是单元测试、集成测试、功能测试和验收测试。

（1）单元测试主要是在财务机器人开发过程中针对流程模块进行正确性检验。

（2）集成测试是在单元测试的基础上将所有模块按照设计要求组装成系统或子系统，对模块组装过程和模块接口进行正确性检验，包括后台和前端联调以及按口测试等。

（3）功能测试是对财务机器人的品质从用户文档、功能性、可靠性、易用性、效率、可维护性、可移植性等方面做全方位的质量检测，帮助 RPA 供应商找出财务机器人存在的问题。

（4）验收测试是按照用户与 RPA 供应商签订的合同条款与系统需求说明，对财务机器人项目进行全面质量评测，为验收提供依据。

2. 测试关键过程域

财务机器人测试关键过程域主要分为测试计划制订、编写测试用例、测试环境准备、测试执行和编写测试报告。

1）测试计划制订

在测试计划制订中，需要考虑测试资源准备、准入测试、系统测试、准出测试以及其他测试的具体测试计划时间表等方面。

具体而言，需要列出以下内容。

测试资源准备计划，包括测试工具、测试设备、测试数据等的准备时间表。

准入测试计划，包括测试用例设计、测试用例执行等活动的时间表。

系统测试计划，包括系统功能测试、性能测试、安全性测试等活动的时间表。

准出测试计划，包括测试结果评估、测试报告编制等活动的时间表。

其他测试计划，如用户验收测试、兼容性测试、可靠性测试等，需要制定相应的时间表。

通过制定具体的测试计划时间表，可以确保测试活动的有序进行，有效利用测试资源，及时发现和解决问题，提高测试的效率和准确性。

2）编写测试用例

根据财务机器人需求文档和设计文档以及其他相关文档制定测试用例列表。对测试用例列表的覆盖度进行检查，完善后根据测试用例的设计方法形成详细的测试用例。

3）测试环境准备

其在此规定为确保测试执行顺利进行所需的任何有关测试环境方面的准备活动，主要包括准备硬件设备、安装软件、配置网络环境和测试数据准备等。财务机器人项目实施从开始到上线，一般会经历开发环境、测试环境和生产环境三个环境。

4）测试执行

根据测试用例逐条执行，如果出现故障（bug），则在故障管理工具上提交故障详情。

5）编写测试报告

执行完每一轮测试需要编写测试报告，一般以邮件的形式发送给和项目有关的人员，每周进行测试情况的汇报，对其中的测试进度、测试情况、所遇到的问题、解决的方法、可能存在的风险等情况进行说明。

3. 测试问题跟踪与解决

财务机器人在整个测试过程中容易遇到软件配置、节点对接等方面的问题，项目研发人员在整个测试过程中要重点关注此类问题，一旦发现问题，需要进行持续跟踪与解决记录，对出现问题的流程细节进行优化，使财务机器人达到最理想的使用状态。

需要为每一个测试项目配备一个专用的问题跟踪数据库，这样在测试过程中一旦发现问题，将问题保存在问题跟踪数据库，便于记录、处理、分类、查询和跟踪。

依照提前准备好的测试用例对财务机器人进行测试，将发现的问题，包括效率、界面、功能、流程，按照用例中的测试号分别记录，及时获取使用者的反馈意见，并针对意见制定解决方案，持续跟进问题的解决，以保证各类问题记录的维护、分配和修改。

1.3.6 财务机器人的收益与局限性

1. 财务机器人的收益

财务机器人自问世以来，得到了业界的广泛推崇和应用，这不但是理念层面创新的趋同，更是实践层面的认可。财务机器人与传统人工财务管理方式相比较，能够给企业带来更多切实可观的效益，不仅提升了财务管理中各部门之间的联动能力，也使其整体控制成本得到下降。

1）效率提升

传统人工操作是在规定的工作时间里进行的，而且人工操作的速度较低，受复杂的人为因素影响。财务机器人在工作中对于工作容纳程度较高，可以全天候不停地工作，峰值处理能力强，整体操作流程都是根据固定的规则执行，不受人为外界因素干预，工作效率是人工效率的 2～5 倍。此外，在信息系统升级的过程当中，人工操作需要花费时间去消除旧习惯来适应新的系统，但财务机器人作为虚拟劳动力只需要修改程序，降低了系统升级过程中的消耗成本。

2）质量保障

首先，在传统的人工财务操作模式下，人工操作容易出现错误，而财务机器人操作的正确率接近 100%，较好地保障了财务工作质量。其次，财务机器人的运作是基于规则性的流程和任务，这在一定程度上消除了输出的不一致性，明确的规则也能够使操作无差别化，减少人为主观因素。除此之外，财务机器人处理的每一步操作都具有可追溯性，使系统的错误可以被精准地发现，一旦出现问题，更加容易解决。

3）成本节约

一个全职的员工一天工作 8 个小时，但是一个机器人可以全天 24 小时无休工作，可以说"1 个机器人相当于 3 个全职员工"。传统财务工作需要人工完成大量重复性工作，当财务工作压力较高时，需要投入大量的人力资源，导致在人力资源方面占用的薪资、福利、津贴等成本不断增大。财务机器人上线后，明显减少了财务系统人员投入，而在创建、维护机器人时所投入的成本仅为承担相同工作的全职员工的 1/3。

4）价值增值

在传统的财务模式下，财务部门投入一半以上的精力进行基础工作处理，但是基础工作处理不能给企业带来更多的价值，且容易让财务工作人员局限于这类基础工作处理中，不利于个人能力的发挥。而财务机器人的使用在系统中能够彻底改变传统财务人员的结构，释放大量的基础工作，让财务工作人员转型去做有更高附加值的财务工作，使财务人员积极性得到有效提升，实现财务对业务的有效支撑及财务部门的价值增加。

5）数据可得

财务机器人在运行过程中，能够将每一个机器行为对应标签和元数据，使企业根据对应标签和元数据随时调取财务数据，从而根据这些财务数据更好地筹划项目预算安排，乃至预测公司未来的发展。

6）安全可控

财务机器人会按设置好的规则执行脚本，它不会侵入原有的信息系统，财务机器人的所有操作都能够通过控制器进行追踪，工作痕迹能够随时调阅，操作业务出现故障也可以及时被发现。财务机器人的运行完全处于一个安全可控的状态，能保障企业数据和信息系统的安全。另外，财务机器人自动执行工作流程时，能减少人工干扰的因素，使人为操纵风险系数在一定程度上降低。

7）响应及时

财务机器人虽然是在设定好的规则下执行脚本的，但是工作时间和工作量能够随需而变、无限延长，也能及时响应业务需求，当业务数量发生改变时，只需要对财务机器人的配置进行适当增加或者减少，便能够在整体部署上达到优化。财务机器人的工作收缩能力极强，可以随时加速、减速去匹配业务峰值和谷值的需求，适应不同的业务变化，并及时响应业务。

2. 财务机器人的局限性

使用财务机器人虽然能为企业创造诸多收益，其实施范围和应用场景可以不断拓展，但也存在一定的局限性，企业应该加以考虑和思量，即从全面角度去了解财务机器人。

1）无法处理异常事件

财务机器人执行的业务流程必须是有清晰明了的规则和步骤。但在企业实际经营过程中，业务流程会出现突发情况，这些突发情况没有包含在财务机器人原先设定的规则或步骤中，容易导致财务机器人无法运行。因此需要一个工作人员监督财务机器人的运行情况，一旦发生异常现象就汇报给对应的财务人员，让其去进行突发状况的处理。

2）运营保障要求高

虽然财务机器人的运作是在 ERP、CRM、网银、账务等软件界面，不会对这些软件造成伤害，但是对这些软件有一定的稳定性要求。当企业的软件进行升级或切换时，财务机器人无法随之升级和切换，从而无法正常运行。这就需要企业花费一定的开发成本和时间成本，对财务机器人进行优化和重新部署。因此，财务机器人日常运营的维护需要得到有效保障。

3）需要跟踪优化机制

财务机器人执行流程都是企业根据企业的业务流程设置的，而企业的业务流程是会改变的。当企业的业务流程改变时，需要对整个财务机器人流程进行重新评估、设计、开发和部署。为了让财务机器人的执行更贴近企业业务需求，需要设置跟踪优化机制。

目前，市场上财务机器人产品各有特点，不同厂商的部署方案存在较大差异，各企业在推广财务机器人时缺乏整体规划，临时方案较多，财务机器人没有得到有效的统筹部署。企业必须清楚地认识到财务机器人的优缺点，结合财务机器人的功能及适用的业务特点，进行科学部署，从而保障最大限度发挥财务机器人的作用，实现应用财务机器人的最大收益。

同时，需要强调的是，财务机器人的出现是对人工操作场景和 API（应用程序接口）的财务应用场景的有效补充。如果企业能够接受系统改造和 API 开发的投资成本，那么API 的财务应用场景能够更加高效地匹配企业管理需求，以更加自动化的方式提高财务工作效率和质量。

1.4　财务机器人对财务组织和财务人员的影响

财务共享服务是企业财务部门转型的重要一步,为财务机器人的运用提供了很好的实施基础和运行环境。财务机器人运用自动化技术能够很好地优化工作流程,替代人工执行大量的重复性工作,大大提高企业运营效率,推动财务走向数字化、智能化和自动化。

财务机器人在企业的大量运用,对财务的工作模式、组织以及工作人员产生了极大的影响。从这些影响中,可以发现:只会从事简单、基础工作的财务人员带给企业的价值越来越小,而复合型财务人员带给企业的价值越来越大。所以财务人员必须先完成自我转型与再造,才能更好地提供战略决策、帮助企业成长。

1.4.1　推动工作观念变革

1. 时空观变革

(1)弱化工作时间限制。人工财务处理受节假日及其他因素影响,会导致工作时长受到一定的限制,财务机器人的使用会弱化时间上的工作限制,使财务工作在整体效率上得到提升。财务机器人在拓展使用时,基本不会受到业务量增多或减少的影响,如在每个月月末或次月月初,也就是财务工作量较大时,使用财务机器人可以避免因特定时间段工作量差异而影响到财务工作质量。

(2)弱化地理空间限制。财务机器人非接触式的工作模式能够灵活扩大或缩小服务范围,无须人员面对面沟通,便可获取到所需的信息,打破了地理空间的限制。

(3)减轻对纸质凭证的依赖。财务机器人支持多个系统之间的数据操作,包括数据搜索、抓取、存储、传输、录入等,避免了纸质凭证的传递,从而减少打印、整理的工作时间,还能避免纸质凭证丢失的情况。

2. 工作模式观变革

(1)减少人工操作。财务机器人能够在基础财务工作中发挥重要作用,通过自动化的方式直接或间接地替代财务人员执行大量的基础财务工作,减少了人工操作,释放财务人员大量的工作时间。

(2)弱化部门分割。财务机器人的日常运维和管理由机器人管理团队负责,其具体工作内容由其服务的业务部门和例外业务处理团队负责。此外,财务机器人的一项工作可能跨越多个部门进行业务处理,减小了部门分割对业务流程的影响。

(3)实现信息传输数字化。财务机器人实现了信息化数字传输,将传统纸质文件通过扫描记录转换成为线上数据,这样不仅能够释放大量的人力资源,也使整体数据文件的传输成本得到控制,避免在传输环节中纸质媒介出现错误、需要消耗大量人力成本的情况,提高数据的时效性与完整性,保障财务数据在传输过程中的安全性与准确性。

1.4.2　推动财务组织架构变革

1．组织业务结构

（1）机器人流程处理团队。机器人只能处理规则清晰明了的基础财务业务，而没有清晰明了规则、只能由人工判断的业务，即为例外事项，转由业务团队处理。企业可以建立一支机器人流程团队，对机器人的管理和日常运维负责，团队的负责人通常是财务机器人经理。

（2）例外业务处理团队。例外业务处理团队主要是对 RPA 进行使用时所产生的例外情况进行处理，对 RPA 机器人所生成的自动报告进行解释与说明，便于减轻 RPA 基层工作的负荷。

2．组织人员结构

（1）财务人员结构变化。基层财务工作中有大量规则清晰、流程明确的工作，能够让财务机器人发挥很大的作用。这也就意味着基层财务人员在企业中的需求量会越来越少。企业对财务的需求会越来越集中在下面几类人员中：一是综合型人才，能够兼并财务知识和技术能力的综合型人才；二是数据分析人才，能够针对企业状况，结合市场等外部信息对企业整个经济活动进行准确分析、合理预测；三是理解公司经营与战略的财务管理者。在使用财务机器人之前，财务人员呈现的是"金字塔结构"，位于金字塔底层的是基层财务人员，位于金字塔上层的是能够参与企业经营决策、帮助企业预测经济前景的财务人员。随着财务机器人的使用，基层财务人员会大幅度减少，能够参与企业经营决策、帮助企业预测经济前景的财务人员比例会增加。

（2）财务人员工作分配变化。随着财务机器人的使用，原本简单、基础的财务工作逐步不再由人工进行处理，这就意味着财务人员可以有更多的时间和精力投入数据分析、流程梳理、业务监控和决策参与工作。这对基层财务人员来说是一种挑战，也是一个提升自我的机会。

1.4.3　对财务人员要求提升

未来财务领域的变革，其核心是技术驱动下的人才变革。技术变革与人才变革两者相辅相成。财务机器人的运用使企业财务向智能化方向发展，但智能化并不意味着完全弱化人的作用，人工仍然是驱动财务业务转型的关键因素，因此对财务人员素质也提出了更高要求。

埃森哲在其报告《数字化转型：CFO 新使命》中针对超过 100 家中国企业进行调研，得出最终结论：企业财务管理人员迫切需要填补财务人员的缺口。未来需要大量的预测人员以及数据分析人员，为企业提供更具有深度、更具有战略执行意义的数据分析报表，促进企业新业务布局以及数字技术应用落实。

1.4.4　重塑财务人员的知识结构

新兴技术、商业模式、产业方向，各种驱动因素和发展趋势会影响企业的发展方向，也对财务人员提出了更高的要求，财务人员需要具备超强的知识技能，同时也要具有创新能力，能够实现自身转型和再造，满足时代发展需求与企业财务智能化转型需求。

本 章 小 结

本章是全书的基础章，在这一章我们首先介绍了 RPA 基础知识。先是对 RPA 的概念及特点进行阐述；然后对 RPA 财务机器人的概念和功能及特点与发展背景进行描述，进而介绍了 RPA 财务机器人项目实施策略，最后对财务机器人对财务组织和财务人的影响进行了综述。

课后习题

1. 什么是 RPA？
2. 简要描述 RPA 的优势。
3. 简要描述财务机器人的概念。
4. 简要描述财务机器人的功能。
5. 简要描述财务机器人的特点。
6. 简要描述财务机器人的发展背景。
7. 简要描述财务机器人实施流程痛点分析。
8. 简要描述财务机器人实现的可能性。
9. 简要描述财务机器人所带来的效益。
10. 简要描述财务机器人的适用标准。

答案解析　扫描此码

即测即练

即测即练　扫描此码

思政探索

在智能时代，对会计人员的职业道德要求是提高还是降低了？请从专业胜任能力、诚信、预防措施、解决预案等方面作答。

第 2 章

RPA 财务机器人开发技术

【知识目标】

1. 描述 UiBot 的组成部分，分析个别组成部分之间的关联点
2. 归纳 UiBot 的核心技术
3. 陈述 UiBot 的界面信息
4. 说明 UiBot 基本语法

【技能目标】

1. 应用不同 UiBot 软件的组成部分的功能
2. 操作 UiBot 软件的界面

微课堂：UiBot
产品功能介绍

【关键术语】

UiBot、UiBot Creator、UiBot Worker、UiBot Commander、UiBot Mage、可视化、RPA、自动化处理。

RPA 财务机器人开发技术迎战财务挑战革新财务管理模式

作为数字化变革的重要信息技术支撑，RPA 正成为全球经济发展和科技革命的新动力之一。RPA 财务机器人则是数字化在会计和财务领域的核心应用。随着数字化在企业实务方面的快速发展，高校会计和财务专业也在积极转型，"RPA 财务机器人"成为众多高校积极开设的前沿课程之一。但对非计算机背景的广大财会专业师生来说，编程是有技术门槛的，如何用"无代码"的方式降低门槛，使广大非计算机背景的财会师生也读得懂、学得会、可落地，是教学面临的一大难点和挑战。

对于企业而言，数字化转型迫在眉睫，随着业务的增加和规模的扩大，财务环节通常涉及大量的数据传输和审核工作，为了有效发挥财务职能的作用，现在很多企业都在想办法革新财务管理模式，以提升工作效率，满足企业快速发展需求。因此，RPA 财务机器人的出现成为一大吸睛亮点，可以说它有效赋能了财务工作场景，为企业数字化转型提供助力。那么，究竟 RPA 财务机器人是如何工作的呢？下面为大家一一解读。

关于 RPA 财务机器人的工作原理是很好理解的。RPA 财务机器人属于一种流程自

动化办公软件，能够根据预先设定的程序，按照工作流程完成自动化处理。目前 RPA 机器人在财务领域应用十分广泛。有了 RPA 财务机器人，财务工作就会更加灵活，从而将财务工作者从简单、重复性的劳动中解放出来，投放到更多需要人脑智慧的工作中。

首先，RPA 财务机器人针对财务业务流程与特点，在工作执行程序上与其十分吻合，能够通过自动化模式完全替代手工操作，对于一些基础简单且重复性较强的操作任务，能够自动化完成，提升工作效率与工作质量。

其次，RPA 财务机器人在处理财务报表的效率、准确性、可靠性等方面成绩出众，能够优化财务任务处理、智能化财务管理、释放人力创造力、节省不必要开支、防范财务风险等，且 RPA 机器人有着很好的扩展能力，也不具有侵入性，因此，在提供自动化财务服务的时候，财务机器人能够高效、准确地在不同系统上，实现跨系统自动处理财务数据。

最后，RPA 财务机器人除了简化财务操作流程、提高数据处理效率和准确度以外，还能优化分析水平，优化如财务规划、资本规划等整体流程，从而更好地给企业的战略决策带来切实有效的辅助作用。

目前财务流程自动化已经得到了各行各业的高度认同，以 RPA 为代表的新兴科技得到众多企业的重视，未来借助 RPA 财务机器人推动数字化财务管理转型也是大势所趋。若我们对 RPA 财务机器人是如何工作的多做一些了解，就可以在有需要的时候及时上线 RPA 财务机器人，帮助企业降本增效。

UiBot 是目前较为流行的 RPA 软件产品之一。以下以 UiBot 为例进行讲解。

2.1 UiBot 组成

RPA 一般提供自动化软件，在开发、集成、部署、运行、维护和管理过程中所需要的工具，通常包含三个主要的组成部分：开发工具（设计器）、运行工具（执行器）和控制中心（管理器），在 UiBot 中，这三个组成部分分别叫作 UiBot Creator（创造者）、UiBot Worker（劳动者）和 UiBot Commander（指挥官）。和一般的 RPA 平台相比，UiBot 还提供了专门为 RPA 设计的 AI 能力，这些 AI 能力也构成了 UiBot 的第四个组成部分，称为 UiBot Mage（魔法师），如图 2.1 所示。

（1）开发工具（设计器）：用于机器人脚本设计、开发、调试和部署的配套基本开发工具。

（2）运行工具（执行器）：用于执行编辑器开发流程脚本的机器人。

（3）控制中心（管理器）：面向机器人全生命周期的管理程序，是提供给运行维护人员用于监控、维护和管理机器人运行状态的管理工具。

（4）AI 赋能工具（魔法师）：用于为机器人提供 AI 能力，如图像识别、文本分类、验证码识别等。

以上各组成部分关系如图 2.2 所示。

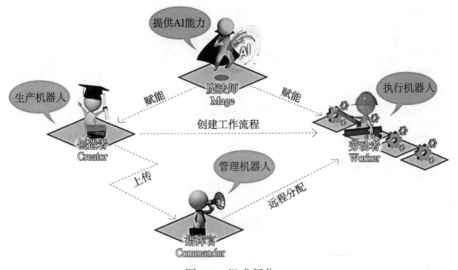

图 2.1　组成部分

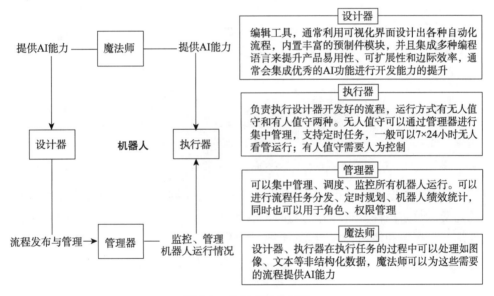

图 2.2　各组成部分关系

2.1.1　设计器

设计器也就是开发工具，目前大部分 RPA 产品都是采用传统的 C/S（服务器-客户机）软件系统架构，同时为了更好地满足开发者对设计器的易用性、灵活性以及所见即所得的需求，RPA 设计器工具通常会提供以下功能。

（1）可视化的流程图设计：开发者可直接利用可视化设计器来创建 RPA 流程图，即使用拖曳的方式，无须为机器人编写代码，达到所见即所得的效果，创建好的可视化 RPA 流程图可直接转换成由机器人执行的每个功能模块，如图 2.3 至图 2.5 所示。

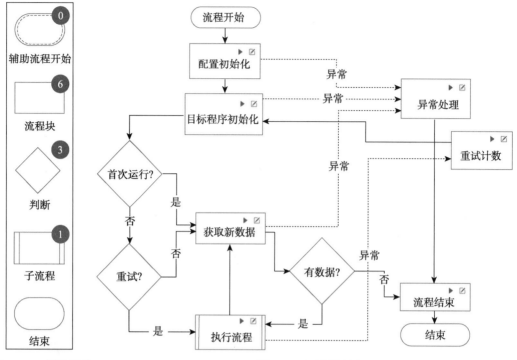

图 2.3 左侧流程块   图 2.4 流程图视图

图 2.5 流程基本信息

（2）可视化的控件拖曳和编辑：开发者可直接使用拖曳或双击控件的方式实现功能效果的开发，每条控件都有详细的功能说明和介绍，可以帮助非专业的 RPA 开发人员快速地学习、理解和使用，如图 2.6 至图 2.8 所示。

图 2.6 控件命令区域

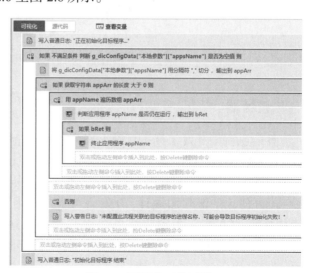

图 2.7 可视化开发区域

图 2.8　控件命令属性区域

（3）源代码视图的开发：除可视化视图外还提供源代码视图界面，有 IT 经验的开发人员可通过输入代码关键字，根据下方提示来选择对应的代码或者代码块，或者通过双击左侧控件的方式快速将该控件源码添加，有助于有 IT 经验开发人员的开发和使用，如图 2.9 所示。

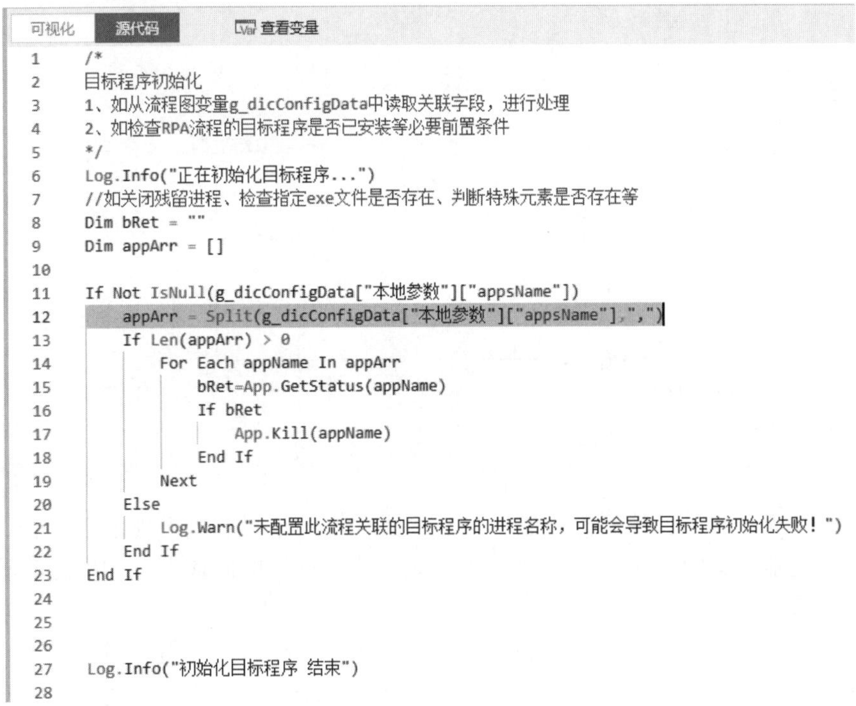

```
可视化    源代码    查看变量
1      /*
2      目标程序初始化
3      1、如从流程图变量g_dicConfigData中读取关联字段，进行处理
4      2、如检查RPA流程的目标程序是否已安装等必要前置条件
5      */
6      Log.Info("正在初始化目标程序...")
7      //如关闭残留进程、检查指定exe文件是否存在、判断特殊元素是否存在等
8      Dim bRet = ""
9      Dim appArr = []
10
11     If Not IsNull(g_dicConfigData["本地参数"]["appsName"])
12         appArr = Split(g_dicConfigData["本地参数"]["appsName"],",")
13         If Len(appArr) > 0
14             For Each appName In appArr
15                 bRet=App.GetStatus(appName)
16                 If bRet
17                     App.Kill(appName)
18                 End If
19             Next
20         Else
21             Log.Warn("未配置此流程关联的目标程序的进程名称，可能会导致目标程序初始化失败！")
22         End If
23     End If
24
25
26
27     Log.Info("初始化目标程序 结束")
28
```

图 2.9　源代码视图的开发

（4）录制：运行录制功能（图 2.10）后，业务人员可以手动操作一遍业务流程，录制功能就可以根据业务人员操作的步骤，自动生成 RPA 的运行脚本；开发者还可以优化和编辑这些脚本，使运行脚本功能更加完善。录制功能的使用可以让自动化工具的开发过程更加灵活。

图 2.10　录制

（5）自动化脚本的分层设计：虽然 RPA 的脚本看起来是按顺序执行的，但为了更好地实现复用、体现设计者的设计思路，RPA 也提供了分层设计功能，如图 2.11 所示。

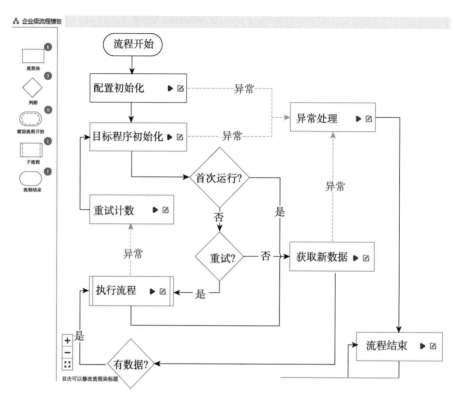

图 2.11　自动化脚本的分层设计

（6）工作流编辑器：包括流程图的创建、流程块的编辑、代码规范性检查、模拟和流程发布等功能，支持工作流图既包含机器人操作步骤，也包含人工的操作步骤，实现人机交互场景。

（7）自动化脚本的调试：可以调试运行流程脚本，在运行之前会提示流程脚本中的语法错误，通过可视化方式进行分步跟踪和校验控件命令。如图 2.12 至图 2.15 所示。

图 2.12　设置断点位置　　　　　　　　　　　图 2.13　调试方式

图 2.14　已经执行过的变量的值　　　　　　　图 2.15　断点列表

（8）预制库和预构建模板：为了让开发者直接使用自动化模块，提供模块预制库，并且可以将开发者自定义的模块共享给其他开发者来复用，如图 2.16、图 2.17 所示。

图 2.16　获取更多命令

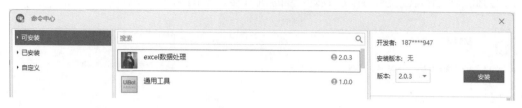

图 2.17　命令中心

（9）自定义插件（图 2.18）。

图 2.18　自定义插件

（10）自定义命令库。预制好的程序连接器控件：对一些成熟的软件产品自动化处理模块，如 Oracle、Outlook、Word、Office、Chrome、IE 等应用程序，提供预制好的连接器程序口。支持开放性的公开标准，如 ISO（国际标准化组织）标准和 IEEE（电气与电子工程师协会）标准等。

2.1.2　执行器

RPA 执行器最大的功能在于设置并执行流程文件任务，根据设计器、执行器和管理器三者配合方式的不同，执行器有两种许可类型。

1. 无人值守-浮动授权

"无人值守"工作方式下，执行器受管理器控制，忠实地执行管理器的指令，如图 2.19 所示。

图 2.19　无人值守-浮动授权

2. 人机交互-浮动授权

多个执行器之间无法协同工作，而企业更多的场景是多个执行器共同完成同一个任务，因此会使用人机交互-浮动授权类型的执行器，如图 2.20 所示。

图 2.20　人机交互-浮动授权

2.1.3　管理器

RPA 管理器提供的主要能力是机器人的远程配置功能：支持非本地安装机器人的开发和配置，具体功能如图 2.21 所示。

图 2.21　Commander 界面

1. 监控能力

管理器提供集中式控制中心，可以对多机器人运行状态进行监控，并提供机器人的远程维护和技术支持能力。集中式控制中心提供机器人的任务编排和队列排序能力，并且提供开放式控制中心访问机制，如可通过平板电脑等移动设备来监控机器人的运行状态等。

2. 安全管理能力和控制能力

管理器提供对用户名、密码等口令之类敏感信息的安全管理和控制能力，既要保证业务用户对这些信息的及时维护，还要保证信息的安全存储，同时不被参与自动化工作的其他相关方获取到。

3. 运行机器人的能力

管理器提供以静默模式来运行机器人的能力。通常机器人的执行过程对于业务人员是可见的，但有时为了保证数据隐私，需要对业务人员或监控者隐藏这个过程。

4. 自动化分配任务的能力

在多机器人并发的运行状态下，管理器能实现基于优先级控制的动态负载均衡，及时将自动化任务分配到空闲的机器人手中。

5. 自动扩展能力

管理器提供机器人自动扩展能力，当业务量激增、原有的机器人资源不能满足自动化处理任务时，能够及时增加机器人数量，动态地调整资源。

6. 并行自动化执行能力

为了更好地利用资源，管理器提供虚拟机中多机器人的并行自动化执行能力。

7. 队列管理

管理器提供机器人队列以及运行设备的资源池管理，能够依据流程任务的优先级来调整机器人处理任务的顺序。

8. 失败恢复能力

管理器可提供单点机器人的失败恢复能力，若某个机器人在运行过程中出现突发情况，导致流程中断，这时需要其他机器人立即接管这个任务，并继续执行原来的业务流程。

9. 支持 SLA 报告

基于自动化服务水平协议（SLA），管理器提供 SLA 的监控和报告、机器人运行性能的分析、节省人工成本、节省工时以及 ROI（投资回报率）的实时计算。

2.1.4　魔法师

UiBot Mage 是专门为 UiBot 打造的 AI 能力平台，可提供执行流程自动化所需的各种 AI 能力，如图 2.22 所示。

图 2.22 UiBot Mage

Mage 的中文含义为"具有魔力的人或经过长时间学习具有很多知识的人",以此命名产品,并取中文名为"魔法师",可见 UiBot 希望能用学到的知识赋能 RPA 机器人。

在使用 UiBot 设计机器人程序时,通过编辑工具(UiBot Creator),确保用户登录 UiBot 平台后可以使用 UiBot Mage 提供的文字识别、图像识别等功能,将图片和文档中的非结构化信息提取成结构化数据;UiBot 平台可以为企业客户进行 UiBot Mage 的本地私有化部署,这样对于有内网限制的企业,也可以使用到这些 AI 功能;不仅如此,平台还可以根据企业客户的具体业务需求,将接口规范、标准化后提供给企业客户调用。

UiBot Mage 的产品特点如下。

(1)内置 OCR、NLP 等多种适合 RPA 机器人的 AI 能力。

(2)提供预训练模型,无须 AI 相关经验,可以直接进行操作。

(3)在预训练之外,也提供定制化的模型,仅需少量配置或训练,即可让 AI 具有较强的泛化能力。

(4)与 UiBot Creator 无缝衔接,方便在流程中以低代码的形式使用 AI 模型。

(5)能够识别多种类型的文档,适用于财务报销、合同处理、银行开户等不同的业务场景。

目前,UiBot Mage 包含的 AI 功能如表 2-1 所示。

由此可见,UiBot Mage 中的 AI 功能非常丰富,而且还在不断地扩展过程当中。其功能虽多,但大致可以分为两类:一类称为"通用 AI 能力",是指基本上不需要在 UiBot Mage 中进行太多的设置、开箱即用的 AI 功能,其中比较常用的是对图片的各种识别,如标准化的票据(增值税发票、出租汽车统一发票等)、标准化的证件(营业执照、身份证、护照等)。另一类称为"定制化 AI 能力",是指在使用这些 AI 能力之前,还需要花费一番功夫,在 UiBot Mage 中先做一定的配置或训练,用起来较麻烦,但能处理更加广泛的数据。

表 2-1　UiBot Mage 包含的 AI 功能

定制化程度	数据类型	能　力	用　途
通用AI能力	图片理解	通用多票据识别	识别普通发票、专用发票、电子发票、销货清单、卷式发票、出租车票、火车票、动车票、飞机行程单、定额发票、购车发票等全票种发票，并返回核心字段值
		通用卡证识别	识别银行卡、身份证、社保卡、驾驶证、行驶证、户口本、护照、结婚证、房产证、不动产证、营业执照、开户许可证、组织机构代码证、车辆合格证、车辆登记证、基本存款账户信息，并返回核心字段值
		验证码识别	识别由数字和字母组成的验证码
		通用表格识别	识别图片中的表外文字和表内文字，并按照单元格的排列顺序，输出表格内容
		通用文字识别	识别图片中所有文字
	文本理解	标准地址	提取地址中的省、市、区、街道信息并返回
	语音能力	语音合成	把一段文本合成为语音，支持7种不同音色
定制化AI能力	图片理解	自定义模版	上传一组版面样式相对固定的图片文件，通过配置规则的方式，依赖位置关系抽取到业务需要的字段值
	文本理解	文本分类	创建分类并上传每个分类的相似说法，自动生成AI模型。输入新的文本可以返回匹配到的分类和置信度
		信息抽取	上传一组文本内容相对固定的文本文件，通过配置规则或训练模型的方式依赖上下文语义信息抽取到业务需要的字段值

2.1.5　RPA 平台四个组成部分的关系

（1）开发工具（设计器）既可以将开发好的流程自动化脚本文件发送到运行工具（执行器），也可以发送到控制中心（管理器），再由控制中心（管理器）将任务分配到运行工具（执行器），运行任务由执行器完成。

（2）开发工具（设计器）能够完成从开发到调试、从部署到维护的几乎所有 RPA流程相关功能，但是只能单次执行任务；运行工具（执行器）可设置定时任务执行流程自动化脚本文件。

（3）控制中心（管理器）可以设置定时任务，但是不能执行流程自动化脚本文件。

（4）AI 赋能工具（魔法师）：用于给设计器、执行器提供 AI 能力。

2.1.6　其他组成

除了设计器、运行器和管理器具有的这些功能外，RPA 还额外提供了变更管理、安全合规管理、人工智能集成功能。

（1）变更管理：包括版本控制、版本对比、版本恢复、从测试到生产环境的检查和控制、环境比对等功能。

（2）安全合规管理：包括机器人活动日志、角色访问控制、活动目录整合、开发/测试和运行环境的角色隔离、锁屏后的自动化处理、凭证管理、安全认证等。

（3）人工智能集成：包括与机器学习、自然语言处理、对话机器人、计算机视觉等AI 技术的集成等，现阶段已经有很多厂商开始提供预训练的模型，使用者不需要 AI 的经验就可以使用，达到开箱即用的目的，一些同时具备 AI 能力与 RPA 能力的厂商已经将两者进行了无缝集成，赋予了 RPA 更多的场景使用能力。

对于 RPA 软件到底应该具备哪些功能，业内尚未形成定论，大而全是一种思路，小而精也是一种思路。目前，国内的 RPA 产品大多还是在追随国外产品的设计理念，产品的组成和功能也十分类似。但是永远不要低估创新的力量，理念和技术也在不断发展，可能几年后，RPA 功能就会有翻天覆地的变化。

2.2　RPA 技术架构

2.1 节介绍了 UiBot 产品组成，以及每个产品的功能和联系。那么作为一名技术爱好者，你一定会好奇 UiBot 实现自动化的内在技术原理。

UiBot 最基础的技术是模拟人对鼠标和键盘还有屏幕的操作，对工作流可以起到连接和管理作用。另外，还有很多辅助的自动化技术可以协助 UiBot 来实现自动化处理。我们通过抓屏技术、鼠标键盘技术、软件自动化技术、光学字符识别技术、自然语言处理技术等核心技术为大家展开介绍，究竟这些技术特征发挥了什么作用、可以达到什么效果。

2.2.1　抓屏技术

UiBot 通过和屏幕上的不同窗体、文本输入框、各式各样的按钮、下拉列表框等元素进行交互来达成模拟人工操作的目的。在 UiBot 中，一个重要的数据抓取工具叫"屏幕抓取"（screen scraping），俗称"抓屏"。这里所说的抓屏，并不是我们通常讲的截屏（截取计算机屏幕上的信息）。抓屏是通过显示器终端来直接抓取当前界面的数据元素，不需要访问底层数据库或接口。抓屏是作为一个组件嵌入的，所以适用于不能开发或访问的老旧系统，这种处理方式可以非常直观地展示在用户面前，无须分析代码，就可以直接使用，迅速提升了 UiBot 的可视化操作的易用性和影响力，大大提高了日常中数据抓取的效率。

抓屏技术可以根据信息被抓取的技术划分为依据对象句柄元素实现抓取、依据网页标签实现抓取、利用图像对比技术实现抓取、借助 OCR 技术实现抓取和依据界面坐标位置实现抓取。其中，依据对象句柄元素实现抓取和依据网页标签实现抓取是最可靠、精确的抓取方法。

1. 依据对象句柄元素实现抓取

句柄是指操作系统中内存所实行的某个结构体的指针，如在 Windows 操作系统中设置句柄是出于内存管理的需求。就好比公司管理每位员工，操作系统需要对每一个应用程序的内存位置有个认知，所以 Windows 记录数据地址的变动是通过句柄标识的。句柄标识了应用程序中不同种类型的对象实例、按钮、图标、窗口、滚动条、文件、空间或输出设备等。同时，Windows 也提供了相关的 API 来获取这些窗口句柄，如 FindWindow（获取窗口句柄）、EnumWindows 和 EnumChildWindows 等函数。比如 UiBot 中经常使用 UiElement 类来操作图形用户界面的元素，其中，GetAttribute 方法可用于获取指定元素的属性值。UiBot 将图形界面的要素以及它的父元素转换为对象结构进行存储，图 2.23 至图 2.25 展示了结构中属性列表，可以根据需要选择操作的属性。

图 2.23 分析器图片

图 2.24 特征筛选

图 2.25 可视化树

2. 依据网页标签实现抓取

大部分的 Web 网页源代码都是使用 HTML（超文本标记语言）语言进行编写的，页面上的数据经过各类 HTML 标签来标识，如\<div\>、\<p\>、\<h\>、\<tr\>、\<img\>、\<table\>等。在浏览器中使用键盘上的快捷键 F12 时，当前网页上的所有 HTML 的源代码都会呈现出来。区别在于，UiBot 可以让用户更精准、更灵活、更快捷地获取网页中所需要的内容，无须使用爬虫等烦琐的技术。

获取 Web 网页中的数据，最关键的就是能够在页面中精准地定位到该数据的位置。目前通常采取的方式是根据关键值或特征值来查询 Web 页面中的某个元素，如 text、 class、id，title、aaname 等，如图 2.26 所示。

```
<a href="thread-4.htm">UiBot 流程创造者、流程机器人、机器人指挥官
V6.0.1社区版火热上线！！！</a> == $0
```

图 2.26　网页标签实现抓取

3. 利用图像对比技术实现抓取

利用图像对比技术实现抓取的主要原理是提前保存好被查询对象的图像。例如，在需要单击某个按钮或控件的图像时，机器人首先会根据提前保存好的该按钮或控件的图像，在整个窗体的图像进行全方位的匹配，若匹配成功，机器人便能够获得该图像的位置坐标，实行下一步的操作，如图 2.27 所示。一般来讲，为提升图像查询的稳定性，UiBot 软件中可以预先设置对象图像的对比范围、精准度要求、对比模式、重试次数等参数。图像抓取技术通常作为辅助手段来使用，因为图像抓取也有其缺点，如查询速度慢，远低于前面讲到的"有目标"命令方式操作元素等。

图 2.27　图像对比技术实现抓取

4. 借助 OCR 技术实现抓取

OCR 技术是首先扫描整个识别屏幕图像，获取所有的位置信息，然后在其中查询某个关键字，确定它的坐标位置后再做其他处理动作。有别于其他只能抓取对象而无法从抓取的对象中获得文字信息的技术，OCR 技术能够从抓取的对象的图像信息来识别获取文字信息。

OCR 技术也是有缺点的。它对图像展示的内容有一定要求：只能识别已展示的内容，对于未显示完整的内容是无法识别的；另外，受制于界面语言的问题，会出现 OCR 准确率偏低而无法进行后续处理的情况。

5. 依据界面坐标位置实现抓取

UiBot 提供了根据坐标位置来获取元素位置的功能（图 2.28），这种功能在早期的自动化软件中经常使用；当界面内开启位置无法准确定位，或者整体图像界面的分辨率比较低时，容易造成 RPA 无法捕捉元素，从而导致 RPA 运行出现异常，故 RPA 使用过程中很少会使用这种方式，但如果前面所讲到的技术都无法实现，也可以采取这种方式。

图 2.28　界面坐标位置实现抓取

2.2.2　鼠标和键盘技术

模拟人工操作对鼠标与键盘进行控制是 UiBot 重要技术之一。对鼠标的控制主要包括单击、双击、右击、拖曳等，对键盘的控制主要包括输入、快捷键使用、组合键使用等。

从原理来讲，当使用者按下键盘上的某个按键的时候，位于键盘当中的芯片能够立刻识别到这个行为，并向计算机发送数据——扫描码（注：每个按键都有一个唯一的编码），然后，键盘驱动程序会接收这个扫描码，并把它转换为键盘虚拟码。对于同一按键、不同键盘，扫描码可能不同，但按键的虚拟码是相同的，如按键 B 的虚拟码是 66，那么十六进制就是&H42。接下来，操作系统会把键盘信息放置到消息队列，并传送给当前的活动窗口。

微课堂：鼠标操作技术

UiBot 使用了三种模拟技术。

第一种是应用级别模拟，可以模拟键盘消息发送给应用程序。例如：利用 Windows 提供的 API 函数，如 SendMessage，PostMessage 等。

第二种是系统级模拟，可以模拟全局键盘消息发送给所有应用程序的窗口，如利用 API 函数 keybd_event 或者全局钩子函数 HOOK 来模拟键盘消息。

第三种是驱动级模拟，可以直接读写键盘的硬件端口。这种方式从应用层和操作系统层绕开，直接与物理硬件进行对话，而普通应用程序是无权操作系统端口的，需要利用相应的驱动程序来实现。鼠标控制的方式是利用全局函数，需要给出横坐标才能确定鼠标的操作，如 MOUSEEVENTF_MOVE（鼠标移动）、MOUSEEVENTF_ LEFTDOWN（松开鼠标左键）等。

2.2.3　软件自动化处理技术

除上述常用的自动抓取界面信息、鼠标和键盘模拟操作技术之外，RPA 机器人对于一些常用的软件工具也开发了专门的自动化功能：利用应用软件对外提供 API 或其他的可扩展插件，提升软件自动化处理整体效率。

微课堂：软件自动化—数据自动化

1. Office 自动化

Word、Excel、PowerPoint 等常用的 Office 软件都会对外提供 API 函数，用于访问 API 功能。RPA 机器人通过这些 API 能够实现对 Office

软件的一些自动化处理，如对 Excel 表格中的数据进行筛选、删除、替换、透明视图制作等。通过标准的抓取方式实现对透视图的自动化处理，在整个抓取过程中，会涉及大量的单击、拖曳等操作步骤，这就导致自动化操作的执行稳定性受到较大的影响，而通过 API 方式能够实现更快速、更稳定的自动化操作。在 API 方式下，客户端甚至不需要安装 Excel 软件。另外一种方式是在 Office 软件的可扩展加载项中增加专门的自动化插件，实现 Office 嵌入式的自动化处理。

2. 对 Windows 原生应用的自动化

UiBot 可以通过 Windows 的 API 实现对文件夹和文件的新建、重命名、复制、修改等自动化处理，也可以实现对 Windows 窗口操作的自动化，如窗口关闭、窗口最小化、窗口最大化等。

3. 电子邮件自动化

UiBot 可以调用收发邮件 API 实现对电子邮件的接收、发送、删除等自动化处理。如果技术条件允许，UiBot 也可以支持如 Python、Java、lua、C#等语言编写的第三方库来实现自动化处理。

4. 工作流技术

由于 UiBot 的主要作用就是解决业务流程中的自动化问题，那么工作流（Workflow）技术就是其必不可少的能力。工作流技术是基于业务流程管理理论和实践诞生的一套技术解决方案，通常包含工作流的设计、工作流的运行、工作流的管理三个部分。工作流技术通常用来控制和管理文档在各个计算机之间自动传递，而不是某个任务中步骤的自动化处理。UiBot 通过操作用户界面来访问应用程序，实现了像人类用户一样在业务逻辑上的连续处理。在这个过程中，UiBot 需要操作一个或者多个界面，在每个界面又必须处理一些数据项，被视为一种微观层面的工作流处理。所以 UiBot 必须具有工作流技术的相关特征，如流程出发、流程嵌套、分支、循环、暂停、取消、延时和错误处理等，且能够在流程中支持常量、变量的定义。

为了更好地定义和设计工作流程，UiBot 提供了专门的设计器（UiBot Creator），可以通过图形化的方式来设计流程，UiBot 的设计器（UiBot Creator）支持空间的方式拖放，以快速组装业务流程，也可以通过录制的方式自动生成流程记录，还提供了时间线工具（类似于版本记录、版本比对工具），内置了调试器，用于流程的测试排错并通过日志记录流程的运行过程。

2.2.4　光学字符识别

光学字符识别指的是 OCR 通过电子设备（如扫描仪、高拍仪或相机等）检查纸上显示的字符，然后用字符识别方法将形状翻译成计算机文字的过程，如图 2.29 所示。如何有效去除错误信息或者利用辅助信息来提高 OCR 准确性，是 OCR 重要的发展方向之一。可以从识别速度、识别准确率、系统稳定性、操作方便性等方面来评价一个 OCR 系统的好坏。

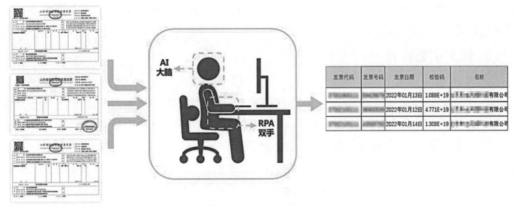

图 2.29　光学字符识别

企业员工在工作中，经常接触到真实的物理世界，大到广告、海报的识别，小到文档、发票、营业执照、银行卡和身份证的识别，而 UiBot 提供了 UiBot Mage，可以给流程设计器完美地提供 AI 能力，UiBot Mage 自带 50 多套预训练模型，还可以提供样本自训练特有模型，在设计器中可以无缝集成。可以从以下维度来判断于光学字符识别的效果。

1. 准确率

OCR 可以将识别的错误信息通过辅助信息输出为正确信息。而如何提升准确率，是 OCR 一个十分重要的课题方向。在自动化领域，对 OCR 的准确率要求更高，因为用户希望识别出来的数据最好不通过人工校验，就可以自动地录入系统或者用于校验信息。但由于扫描文件或者照片涉及的干扰因素很多，包括扫描仪的品质、识别的方法、拍照时的光线、文字印刷品质等，这些因素都会影响其准确率。

2. 可衡量指标

在对文字进行 OCR 前，需要有一个图像优化的处理过程，即影像前处理过程，对图像进行增强处理，如强化对比度、增加亮度、图像旋转等。然后就是文字特征的提取：一种方法是通过统计特征，另一种方法就是通过图像结构的特征。有些特征结果还需要与预存特征库进行比对。所以，这就是为什么不同的 OCR 产品对于不同语言的识别能力不同，关键在于某类字符的特征库是否完整、算法是否优化，衡量一项 OCR 技术性能的好坏主要是看它的误识率、识别速度、稳定性、易用性、可行性等。

3. 人工介入

传统的 OCR 技术准确率较低，需要人工进行辅助，依靠人工进行矫正，因此对于手写的文字、印章的印记等，整体准确率是比较低的。虽然 OCR 技术已经发展了多年，也在金融机构的票据中心、单证中心、财务共享中心得到广泛使用，但直到今天，人工介入的环节还是不可避免。人工介入的环节如何更少，人工介入后的处理如何更便捷，才是自动化领域专家需要考虑的问题。

4. 特有名词产生

在自动化领域，主要通过两个方向来解决 OCR 的准确率问题：一个是技术方向，一个是与 OCR 技术相结合，即通过人工智能技术与 OCR 技术相结合的方式来提升准确率，特别是对于特殊文字的识别，如手写、压盖等。智能字符识别（ICR）这个名词也因此而产生。

5. 识别引擎选择

大多数 ICR 都带有一个自学习的系统，借助于机器学习（ML）和卷积神经网络（CNN）技术，自动更新识别库，并通过前期对大量字符集进行标注和训练，逐步形成所需要的神经网络模型。另外 ICR 还可以通过配置不同的识别引擎并相互校验的方式来进行识别。每个引擎都会被赋予选择性投票权以确定字符的可信度。因为各种识别引擎的专场是不一样的，有的善于识别数字，有的善于识别英文，有的善于识别中文等，所以用户需要根据内容类型自动选择识别引擎或配置不同引擎的投票权重。

例如，在识别数字的时候，用于识别数字的引擎具有更高的投票权重；在识别英文的过程中，用于识别手写字幕的引擎具有更高的投票权重。即使这样，在今天看来，手写文字的识别依然十分困难。在自动化领域，通常只会对固定范围内且是正楷手写的文字尝试使用。

2.2.5　自然语言处理

自然语言处理，是研究如何通过计算机生成人类自然语言的一种技术，在 UiBot 的应用过程中主要有以下几种情况。

（1）当机器人接收到要处理的信息不是结构化字段，也不是图像，而是一段人类自然语言表达的文字时，这需要使用 NLP 技术从人类自然语言表达的文字中提取关键字符信息，并将这些信息自动录入系统或者与系统内的信息进行对比。

（2）在采用 OCR 技术识别完信息后，NLP 技术可以用来优化处理，在识别的文字中找出最合乎逻辑的词，作出文字修正。当需要处理大量信息时，UiBot 可以利用 NLP 进行检索或分类处理。

（3）NLP 技术可以在 RPA 处理完成后，以自然语言的形式将其反馈给用户，更方便用户进行理解，如图 2.30 所示。

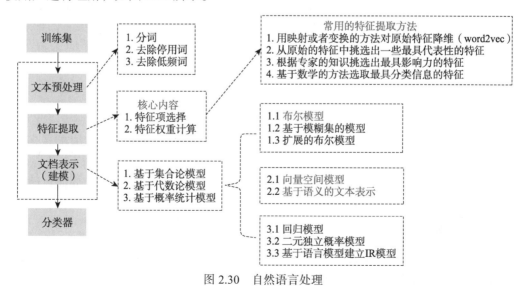

图 2.30　自然语言处理

NLP 有两项主要的技术：自然语言理解和自然语言生成。自然语言理解的主要目标是帮助机器人生成人类能够理解的语言。自然语言生成是指通过计算机程序生成符合自然语言语法和语义的自然语言文本的过程。与自然语言理解相反，自然语言生成旨在使机器人生成人类可读的自然语言文本，以完成回答问题、提供建议、生成报告等各种任务。自然语言生成涉及许多不同的领域，包括自然语言处理、计算语言学、人工智能和机器学习等。它的目标是让计算机能够以自然语言的方式与人类进行交互，并提供有意义和有效的输出。常见的自然语言生成应用包括自动文本摘要、机器翻译、对话系统、智能客服等。NLP 是典型受制于语言特性的一项技术，如由于中文和英文在用词与语法方面的差异，造成 NLP 所使用的算法技术具有很大差异。

在自动化应用领域，自然语言处理技术既可以配合 RPA 来使用，也可以配合 OCR 技术来使用，可以有效地从文本中提取出业务需要的文字。需要注意的是，实际环境下的自然语言处理技术难度相当大，特别是中文口语表达的复杂程度非常高，存在许多如强调、重复、比喻、代指等特殊的表达方式，所以对中文的语言处理难度是公认最大的。但是 UiBot 应用的领域主要是商业环境中业务流程处理的情况，话术相对规范和标准，而且范围也是相对狭窄和明确的。企业也可以从管理的角度提供规范的沟通话术进行训练。

OCR 技术和 NLP 技术解决了在业务流程中遇到的非结构化数据问题，你可能会问："难道业务流程中就没有基于员工经验的主观判断吗？对于这些判断和决策，机器人如何自动处理？"我们必须承认，主观判断绝对是有的。但是经过深入的分析，发现其实所谓的"个人经验"，实际问题可以分为以下几类。

第一类是对复杂规则的判断，有经验的员工对某项工作做得久了就知道第一时间应该从哪些维度去判断，并综合各个维度的规则标准，得出结论。例如，某个采购项目的判断需要考虑价格、效率质量、成本等各个因素。

第二类是有经验的员工可以对一个新的信息进行准确的分类和排序，快速将其分拣到某个类别，后续再按照标准流程去处理。

第三类是员工的知识储备很丰富，记得以前处理过类似的事情，那么本次还可以按照以前的方法来做。

第四类相对更复杂、主观一些，有经验的员工在工作中不断地积累某些信息的判断结果，决策做对了，员工给判断结果一个正向的权重。决策错了，员工则给判断结果一个负向的权重，长此以往在头脑中形成一个判断模型，再有新的信息就可以利用这个模型进行决策。

针对第一类情况，我们可以采用 UiBot 结合规则引擎的算法实现自动化；针对第二类情况，我们可以采用 UiBot 结合数据统计分析的算法实现自动化；针对第三类情况，我们可以采用 UiBot 结合知识库的方式实现自动化；第四类情况实现起来最有难度，以目前人工智能的发展水平，我们可以尝试采用专家系统结合机器学习的方式。但是第四类情况太过主观，在真实的业务环境中并不多见，大多数业务环节是可以明确定义出业务规则和分析方法的，这也正是自动化应用前景广泛的原因。在高级的流程自动化应用中，决策环节经常采用的技术包括业务规则引擎、知识库系统和其他领域的技术结合。

1. 业务规则引擎

业务规则引擎，是基于应用程序，执行多个业务规则，与企业的经济活动方式、章程制度、业务流程、逻辑判断等紧密关联。例如：当"客户消费金额>2 000 元并且该客户是 VIP"时，客户有资格获取免费的售后福利；客户一次性消费 10 000 元将获得 10% 的折扣等。这些业务规则经常会因为企业的经营状况、营销活动的变化而随时改变，所以企业希望利用独立的规则引擎，与其他应用程序分开。这样，业务规则就可以被独立地定义、设计、测试、执行和维护。

2. 知识库系统

知识库系统是一个对知识信息进行汇集、处理、共享等操作的系统。该系统可以分类管理系统中有价值的成果、方案、策划等知识，并且存储这些知识资产，促进知识的学习、共享、培训和创新。

UiBot 结合知识库系统的使用场景主要是呼叫中心对客户服务或员工服务。以下是在自动化领域用好知识库系统需要做到的两点。

第一，了解系统中知识的获取途径和表达意思的方式，由于现在机器人程序才是知识库的使用者，便不可以像之前书籍中那样使用人类习惯的自然语言表达，而是需要将表达方式规范化，并且以固定的结构进行存储，以便机器人程序理解。

第二，对于从知识库中获取到的数据，也并不是可以全部使用的，机器人只可以使用可信度高的知识，其他的知识还是需要人工辅助校验。

3. 其他领域的技术结合

除了人工智能以外，我们也可以设想其他领域的一些技术能够和 UiBot 结合使用。例如，使用物联网技术为 UiBot 获得更多数据，利用虚拟现实技术来控制 UiBot 机器人的操作，利用 UiBot 机器人协助实现办公环境下的数字孪生，利用"脑机"接口技术来控制 UiBot 机器人。除了与物联网技术的结合已经有现实意义外，UiBot 与另外三项技术结合虽然较远，但是值得我们期待，相信随着自动化技术的推广、市场的逐步拓展，会有更多的技术投入自动化的怀抱中。

当我们回过头来重新查看 UiBot 这项产品时，发现它是把原来开发人员手中的自动化技术重新组合和优化后，转化成一种通用的技术平台，实现了平民化的应用。这早已变成技术领域的一种习惯。例如，今天人们更愿意使用一点即用的美图秀秀，而不是原来专业的修图软件 Photoshop。不但 UiBot 技术门槛会降低，随着基础算法的成熟、应用实现的增多，更多人工智能的技术平台或应用平台将应运而生。

未来，技术发展的另一个方向就是云原生，如果人工智能某项专业技术的实施和部署成本居高不下，会让更多的云服务商"有利可图"。如今，大量的人工智能技术就是通过公有云方式来提供的。这种云服务模式类似于一个 AI 主题商城，所有开发者都可以通过接口接入应用平台提供一种或者多种人工智能服务，部分资深的开发者还可以使用平台提供的 AI 框架和 AI 基础设施来部署与运维专属的机器人。

2.3　UiBot 界面介绍

2.3.1　UiBot Creator 界面简介

UiBot Creator 用于可视化地设计自动化流程。

1. "开始"界面

授权登录后，每次打开 UiBot Creator 时，默认进入主页，看到的第一个界面就是"开始"界面（图 2.31）。"开始"界面，会显示最近打开的项目，也可以选择打开经典范例。如果是新手，可以进入 UiBot 学院，学习系统化的 RPA 开发教程，或者去社区论坛与其他开发者一起学习交流。

图 2.31　"开始"界面

2. "工具"界面

"工具"界面可用于管理 UiBot Creator 与其他应用程序交互时所使用的交互插件。工具包含了 4 个应用程序和 7 个扩展程序，为 UiBot 提供强大的能力，如图 2.32 所示。

图 2.32　"工具"界面

3. 应用程序

1）扩展管理工具

扩展管理工具是 UiBot Creator 所携带对应配套版本且独立的应用程序，用于管理 Uibot 的扩展程序，安装在 Windows 远程桌面机器或 Citrix 应用程序的服务端，除了可安装管理对应的 Windows 远程桌面或 Citrix 的扩展程序，还可管理其他程序扩展。

2）流程记录者

流程记录者是客户端软件，它可以通过监控键盘和鼠标的动作，记录业务办理过程中的人工操作，形成流程定义和分析文档，以便业务分析人员和流程开发人员理解业务细节。

3）UI 分析器

UI 即 user interface（用户界面）的简称，UI 分析器的功能就是检测和分析界面元素，进一步提高查找目标元素的准确率。使用 UI 分析器，可以方便地查询界面元素及其特征，还能轻松地定位到父元素、子元素或兄弟元素。

4）内置浏览器

UiBot 还提供了内置浏览器功能，可以在 UiBot Creator 中直接打开和操作 Web 页面。使用内置浏览器，用户可以轻松地模拟 Web 操作，并将其集成到自己的工作流程中，以便更好地实现自动化。

4. 扩展程序

扩展程序，用于 UiBot 与 Google Chrome（谷歌浏览器）、Firefox（火狐浏览器）、Java 应用等程序以及 Windows 远程桌面和 Citrix 桌面之间的通信，为 UiBot 自动化操作提供支持。

扩展程序支持安装卸载等操作，详情可见扩展对应的"使用指南"，单击该按钮，即可打开扩展对应的操作指南文件所在目录。扩展程序指南文件不仅包含了扩展程序的安装步骤、启动方法以及工具使用等内容，还包含了扩展程序在使用过程中常见问题的解决步骤。

对于网页相关的自动化应用，可在此处安装相应的扩展程序。如图 2.33 所示，以（Google）Chrome 浏览器（谷歌浏览器）为例，在工具菜单项目中单击"安装"按钮，系统会自动安装扩展程序。

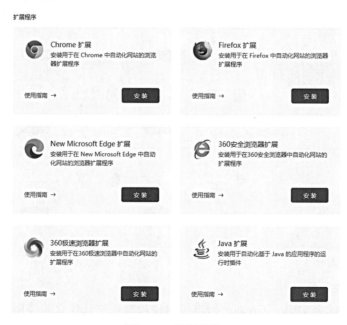

图 2.33　扩展程序

通常，对于浏览器类型的扩展，还需要打开相应的浏览器，激活扩展的安装，如图 2.34 所示，在 Chrome 浏览器中激活扩展。

图 2.34　激活扩展

5. "设置" 界面

"设置" 界面提供了多种配置 UiBot Creator 集成开发环境的选项。这些配置项可以帮助用户自定义 UiBot Creator 集成开发环境，使其制作机器人更加得心应手，如图 2.35 所示。

图 2.35　"设置" 界面

1) "常规" 选项卡

"常规" 选项卡中可以设置 UiBot Creator 的语言、主题和重置 UiBot Creator 集成开发环境到默认设置，如图 2.36 所示。

这些设置选项的详细说明如下。

（1）语言。可更改 UiBot 集成开发环境的界面语言。

（2）开机启动。可设置开机后是否自动启动 UiBot Creator。

（3）关闭主界面。单击 UiBot Creator 右上角的关闭按钮时，可以选择最小化到系统托盘，也可以选择直接退出程序。

2）"编辑窗口"选项卡

"编辑窗口"选项卡包括在编辑流程图时是否要使用网格背景、开启画布对齐线和小地图等功能，使流程图设计更加美观和快捷，如图 2.37 所示。

图 2.36　常规选项卡　　　　　　图 2.37　"编辑窗口"选项卡

3）"授权信息"选项卡

"授权信息"选项卡可以查看授权信息和切换授权，浮动授权登录的用户可单击账号进行切换授权重新登录。绑定机器登录的用户如需连接 UiBot Commander，请单击右上角的"Commander 未登录"进行登录，切换授权方式为浮动授权，如图 2.38 所示。

图 2.38　"授权信息"选项卡

6."新建"界面

UiBot Creator "新建"界面，支持新建流程、命令库及企业级流程模板。

1）流程

其用以新建一个空白的流程，从这个空白的流程图开始设计新的自动化流程。新建流程会生成一个以流程名称命名的项目文件夹（默认路径为：C:\Users\ {Windows 用户名}\Documents\UiBot\creator\Projects），如图 2.39 所示。文件夹包含.flow 流程文件，以及.task 子任务文件。每个流程块对应一个.task 文件。

图 2.39　新建流程

2）命令库

除了 UiBot 中的预制件之外，也可以把用 UiBot 实现的一部分功能组装成模块，将来如果再用到类似的功能，就不需要重写了，直接拿这个模块来用即可。比如，在某个项目中，我们使用 UiBot 做了"银行账户流水下载"的功能，即可将其组装成模块。在今后的项目中，只要导入该模块，即可直接使用"银行账户流水下载"的功能，省时省力。在 UiBot 中，这样的模块称为命令库。一个命令库包含了若干条命令，使用起来就像 UiBot 中的预制件一样，可以在可视化视图中拖曳，也可以用接近自然语言的形式来展示，便于理解。

新建命令库存放的位置，默认路径为：C:\Users\{Windows 用户名}\Documents\UiBot\creator\Libs，支持单击输入框后的文件夹图标进行自定义设置，如图 2.40 所示。

3）企业级流程模板

企业级流程模板，是一个体现健壮性、可伸缩性的流程模板，其汲取了众多成功的 RPA 项目实践：初始化流程起点、健壮的异常处理（ N 次重试、容错）、外置全局配置、有意义的日志记录；在实现大型 RPA 流程或者大规模部署时，可以基于该目标创建流程，帮助 RPA 实施工程师与 RPA 开发者降低 RPA 开发和维护成本，并有利于把控实现过程的质量，用在事务性特点比较明显的流程场景上效果更佳，如图 2.41 所示。

新建企业级流程模板，进入流程图视图，通过预先配置多个组件实现不同的功能模块和容错机制，并规划业务流程的走向，构建一个数据处理的流程模板。

图 2.40 新建命令库

图 2.41 新建企业级流程模板

7. "打开"界面

单击"打开"按钮，打开流程项目默认存放的文件夹目录 C:\Users\{Windows 用户名}\Documents\UiBot\creator，选择任一项目的流程文件夹，即可打开该项目，如图 2.42 所示。

也可以在"最近打开"，选择任一个流程、命令库或企业级流程模板打开流程项目。

8. 流程图视图

新建或打开已经存在 UiBot 中的流程，可以在流程界面看到一张流程图。

流程图包含了一系列的"组件"，其中最常用的是"开始""流程块""判断"和"结束"这四种组件。

用鼠标把一个组件从左边的"组件区"拖到中间空白的"画布"上，即可新建一个组件，如新建一个流程块等。在画布上的组件边缘拖动鼠标，可以在组件之间设置箭头连接（图 2.43）。

图 2.42　打开流程文件夹　　　　　　图 2.43　箭头连接

把多个组件放在一张画布上，用箭头把它们连起来，则构成一张流程图。

在 UiBot 的工具栏，有一个"运行"按钮。单击该按钮，就会从"开始"的这个流程块开始执行，按照流程图的顺序，依次执行各个流程块。若只想执行某个流程块，可以单击流程块上方的"►"按钮。在开发 RPA 流程时，"运行"按钮可以用于完整的流程测试，"►"按钮可以用于单独的流程测试。

9. 可视化视图

每个流程块右边有类似于"纸和笔"的按钮，单击这个按钮便能够查看该流程块内具体所编写的程序内容，UiBot 的界面会从流程图视图切换到可视化视图，如图 2.44 所示。

UiBot 编写流程块的可视化视图，其界面如图 2.45 所示。

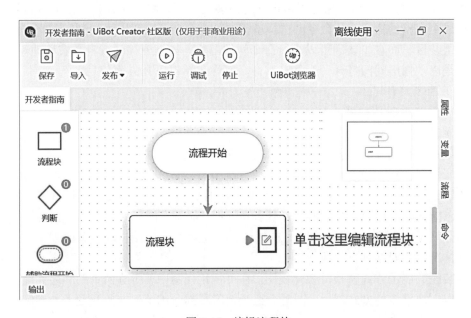

图 2.44　编辑流程块

图 2.45   "可视化视图"界面

图 2.45 中框出的三个重要区域，从左到右分别是命令区、组装区与属性区。

UiBot 是根据接收的命令执行操作的。因此，在每个流程块中，需要告知 UiBot 命令中每一步的步骤。例如，流程块是"把房间门打开"：

（1）找到房间门把手；

（2）抓住房间门把手；

（3）拉开房间门。

上述例子只是一个比喻，实际情况下 UiBot 并不能把房间门打开。UiBot 执行中所用到的命令，都是在左侧的命令区内进行选择的，也就是图 2.45 中的第一个框的位置，包括鼠标键盘、界面操作、文件处理、系统操作等类别，详细的操作命令可以通过单击类别进行查看。

图 2.45 中第二个框所在位置被定义为组装区，可以将命令在这一区域进行组装排列后形成更完整的命令。从命令区选择所需要的命令，可以双击添加到组装区，也可以拖曳到组装区。而在组装区可以进行命令间的调整，如上下移动或者左右移动等。

还是以"把房间门打开"为例，其命令属性包括以下几方面信息。

（1）用多大力气；

（2）用左手还是右手；

（3）拉开多大角度。

在编写流程模块的过程中，只需要在组装区单击某个命令，将其置为高亮状态后，右边的属性区会显示当前命令的属性。属性类型有"必选"和"可选"两种。通常情况下，UiBot 会自动设置每一个属性的默认值，这样针对一些常用命令属性就不需要人工去设置，能够减少程序编写时的工作任务量。但"必选"的属性还是需要留意一下，并根据实际情况作出修改。而"可选"的属性一般是可直接使用自动设置的默认值，只有在特殊情况下才对其进行更改。

组装区的展示方式就是可视化视图。在可视化视图中，所有命令的顺序、包含的关系都会以方块堆叠的方式展示，同时会适当地隐藏部分细节，方便开发人员理解。可视化视图是 UiBot 作为一个 RPA 开发平台的重点，其表达方式、详细程度、美观程度都得到了认真的设计，从而达到最均衡状态。即使是没有编程经验的开发新手，看到可视化视图时也可以掌握其中的大部分逻辑关系，大致体会到其想要表达的含义。

将命令区、组装区、属性区从左到右进行排列，是 UiBot 的默认排列方式，但也可以拖动每个区域上的标签，将其调整成自己喜欢的排列方式。

10. 源代码视图

在组装区的上方有一个可以左右拨动的开关，开关的选项分别是"可视化"和"源代码"。打开组装区，默认展示的是"可视化"状态，也可以通过单击"源代码"选项将其切换到"源代码"状态，则"组装区"就会展示图 2.46 所示的画面。

图 2.46　组装区变化

通过这种方式展示的组装区，称为源代码视图。源代码视图以程序代码的形式展现了当前流程块所包含的所有命令以及每个命令属性。

源代码视图比较适合对 UiBot 比较熟悉的技术开发人员，仅使用键盘便可以在"源代码视图"中编写命令和属性。流程步骤如图 2.47 所示。

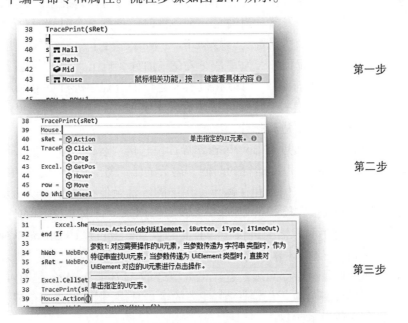

图 2.47　流程步骤

可视化视图和源代码视图描述的是同一个模块，实际上是同一个事物的两种不同展现方式，所要表达的意义是一样的。可视化视图是以图形化的方式突出各项命令以及它们之间的关系，适合展示流程块的整体逻辑，而源代码视图则是以程序代码的方式，直接将流程块的本质展现出来，展示的细节更加充分。

2.3.2　UiBot Worker 界面简介

企业在使用 RPA 时，会用 UiBot Creator 对流程进行开发、测试和调试，然后用 UiBot Worker 运行流程（图 2.48），因为 UiBot Worker 具有 UiBot Creator 所没有的两种工作模式。

图 2.48　运行 UiBot Worker

微课堂：UiBot Worker 功能

第一种称为"人机交互模式"，通常安装在桌面计算机上，以桌面工具的形式出现。将在 UiBot Creator 编写的流程安装在桌面计算机上，并在需要运行流程的时候，单击"运行"按钮。除此之外，还可以设置触发器，当满足一定条件时（如到某个时间、收到某个邮件、遇到某个情况等），只要 UiBot Worker 处于运行状态，便可以自动执行这一流程。因为它是安装在桌面计算机上，所以在运行过程中，可能需要工作人员在计算机前等候。可以在机器人运行的过程中进行一定的人机交互，如机器人弹出一个对话框，由人来选择按钮或输入文字等，如果需要停止机器人的运行，也可以直接在桌面计算机上进行操作。

最终运行的结果可以通过 UiBot Worker 界面左边的"运行记录"进行查看。在"运行记录"标签中，能够看到每次运行的时间、运行的结果等，还可以通过单击右侧的两个小按钮，查看运行的日志信息和在运行过程中的屏幕录像，如图 2.49 所示。

第二种称为"无人值守模式"，通常安装在专门用来运行 RPA 流程的计算机上，如图 2.50 所示。安装之后，只需要进行一些必要的设置，就可以让 UiBot Worker 直接在后台运行，无须界面。这台计算机既可以放在桌面，也可以部署在机房，如果选择后者，甚至连鼠标、键盘和显示器都无须配置。无人值守的 UiBot Worker 是通过接收 UiBot Commander 发送的任务去执行指定任务。任务的运行日志、运行结果等信息，都在 UiBot Commander 上集中管理和控制。

图 2.49　运行记录

图 2.50　无人值守模式

2.3.3　UiBot Commander 界面简介

用 UiBot Creator 完成 RPA 流程编写后，其通常会将流程上传到 UiBot Commander，再由 UiBot Commander 下发到 UiBot Worker，UiBot Worker 则会开始执行流程。这一过程大致如图 2.51 所示。

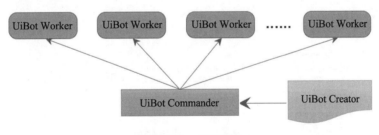

图 2.51　过程图

以社区版的 UiBot Commander 为例。可以选择在浏览器的地址栏输入网址"https://commander.laiye.com"，也可以选择使用 UiBot Creator 任意时刻，单击右上方的"登录信息"按钮，然后在弹出的对话框里选择"前往 Commander"。以上两者的效果是一样的。

UiBot Commander 是 B/S（Browser-Server，浏览器-服务器）架构的软件，无须安装任何客户端，在浏览器中即可使用全部功能。打开 UiBot Commander 后，在左侧的菜单中可以看到其主要功能，包含了设备、数据、流程、任务、系统管理等一系列功能，如图 2.52 所示。

图 2.52　功能图

2.3.4　UiBot Mage 界面简介

如果说 AI 是 RPA 机器人的大脑，那认知能力就是眼睛、嘴、耳朵，RPA 就是双手。结合 AI 能力，RPA 不再局限于只能帮助基于规则的、重复性、机械性的任务实现自动化，还能运用到更丰富的业务场景，将物理世界与数字世界有效连接，满足企业实际业务工作中更灵活、多方面的自动化需求。

UiBot Mage 是专门为 UiBot 打造的 AI 能力平台，提供执行流程自动化所需的各种 AI 能力，如图 2.53 所示。

图 2.53　UiBot Mage

在 UiBot 产品矩阵中，Creator 用于生产机器人，Worker 用于执行机器人，Commander

用于管理机器人。Mage 作为面向 RPA 的 AI 平台，提供了丰富的图片理解、文本理解、语音理解的 AI 能力，赋能机器人生产和执行过程。

2.4　UiBot 自动化技术

2.4.1　自动化技术演进

机器人流程自动化，作为"自动化为先"时代的翘楚和先驱，被广泛应用到替代人工操作的业务流程中，被不同领域和企业接纳。如今，RPA 给全球范围内的工作场景带来了颠覆性的变化，不少人惊呼：RPA 时代已经来临。当然，自动化的罗马并非一日建成，RPA 的发展也绝非一蹴而就，大致经历了四个阶段。

1. 辅助性 RPA

在辅助性 RPA（assisted RPA）阶段，RPA 主要是以"虚拟助手"形式出现的，覆盖了机器人自动化主要功能，以及基于桌面自动化办公软件的所有操作。其安装在工作人员个人的计算机上，方便员工提升工作效率，但也存在一定的缺点：难以实现端与端之间的自动化衔接，并不能在企业应用中呈规模化覆盖。

2. 非辅助性 RPA

进入非辅助性 RPA（unassisted RPA）阶段，RPA 发展成了"虚拟劳动力"，这一阶段的主要目标是：实现端与端之间的自动化衔接，完成虚拟员工分级。这个阶段的 RPA 主要部署在 VMs（虚拟机）上，完成对工作任务统一编排、集中管理 RPA 机器人、对 RPA 机器人的表现进行分析等，其缺点是仍然需要人工进行控制管理。

3. 自主性 RPA

在自主性 RPA（autonomous RPA）阶段，其主要目标是实现端到端的自动化和成规模多功能虚拟劳动力。其主要是在云服务器与 SaaS（软件即服务）中完成部署，优势是可以自动分级、动态负载平衡、情景感知、高级分析和工作流。但其也存在缺点，就是在处理非结构化数据时难度比较大。

4. 认知性 RPA

认知性 RPA（cognitive RPA）将是未来 RPA 发展的方向。其开始运用人工智能、机器学习以及自然语言处理等技术，以实现非结构化数据的处理、预测规范分析、自动任务接收处理等功能。

RPA 的未来将是 RPA+AI，AI、机器学习、自然语言处理、语音识别将会帮助 RPA，最终达到智能流程自动化。

2.4.2　界面元素自动化

RPA 的一大特色是"无侵入"，也就是说，虽然 RPA 是配合其他软件一起工作的，但并不需要其他软件提供接口，而是直接针对其他软件的操作界面，模拟人的阅读和操作。在运行的时候，会先查找某个界面元素是否存在。如果存在，则操作会针对这个界面元素进行。比如界面元素是一个按钮，那么命令"单击目标"就是单击这个按钮。如果不存在，则会反复查找，直到超过指定的时间，会输出一个出错信息，流程也会直接停止运行。

Windows 的应用程序有 Java、SDK（软件开发工具包）、MFC（微软基础类库）、WTL（Windows 模板库）、WPF（Windows 演示文稿基础）、Qt 等众多开发框架。如果运行在 IE（Internet Explorer）浏览器和 Chrome 浏览器中的 Web 应用的开发框架也算入在内，那开发框架的类型就更多了。以上应用程序均具有界面元素查找与操作接口，从这一技术层面考虑，UiBot 的存在可以理解为对上述接口的调用。由于接口的调用方法都不一样，有的调用方法还存在很大差异，即便是资深的技术专家也不能确保很熟练地驾驭所有接口调用方法，普通用户更难以实现。

但如果使用 UiBot，则可以将这些端口视为相同的"界面元素"，在操作上并没有其他差异。例如 Excel 软件中可能会有一个按钮，IE 浏览器中也可能会有一个按钮，虽然都是按钮，感觉起来是类似的，但在模拟单击这个技术上，两者却有明显差异。而在 UiBot 中不需要关注这些差异。

2.4.3　界面图像自动化

微课堂：界面操作
—图像操作自动化

在对界面元素进行查找与操作的过程中，其本质上可以理解为调用界面元素所在软件为我们提供的接口。UiBot 所做的，则是将所面对的不同种类接口统一，使开发人员不需要关注这些细节。但现实中，仍然有一些软件没有为我们提供查找、操作界面元素的接口，或虽然提供了接口，但目前处于关闭状态。这类特殊软件包括以下几个。

1. 虚拟机和远程桌面

Citrix、VMWare、Hyper-V、VirtualBox、远程桌面协议（RDP）以及各类安卓模拟器（如腾讯安卓手游助手模拟器）等程序是由单独操作系统运行使用的，与 UiBot 并不在同一个操作系统中，处于相互独立的状态，UiBot 无法做到跨越自身系统对另一操作系统中的界面元素进行操作。但可以将 UiBot 与流程所涉及软件全部安装在虚拟机或者远程计算机中。如此便解决了 UiBot 不能直接操作使用此类软件接口的问题。因为全部安装在虚拟机或远程计算机中，本地计算机只是发挥了一个显示器的功能。

2. 基于 DirectUI 的软件

此前 Windows 系统的开发框架是由微软公司提供的，如 MFC、WTL、WinForm、WPF 等。微软公司也为这些开发框架设计出的界面配备了可供自动化操作的接口。但近几年，为了使软件操作界面更方便观看、更容易制作使用，很多开发团队纷纷推出了自己在 Windows 系统中的开发框架，此类框架被称为 DirectUI。使用这些框架所开发设计的界面，界面元素完全是"画"出来的，虽然用肉眼可以观察到，但具体操作系统与其他程序并不能确定界面元素的具体位置。虽然有的 DirectUI 框架提供了对外接口，能够确定界面元素的位置，但仍然有一些 DirectUI 框架没有提供此类接口，导致无法找到界面元素。

其实 UiBot Worker、UiBot Creator 的界面本身便是在 DirectUI 框架开发而来的，即 Electron 框架。Electron 自身提供了界面元素查找接口，但是发布版默认关闭了提供接口功能。所以，市面上任何 RPA 平台都无法找到 UiBot 中的界面元素。

3. 游戏

游戏界面在美观与个性化方面要求比较高。因此，很多游戏界面元素是画出来的，在原理上与 DirectUI 框架相似。此类界面通常没有提供接口，没有详细告知界面元素的具体位置，但与基于 DirectUI 的软件的差异是：游戏界面在整体变化速度上更快，对时效性要求更强，RPA 平台并未针对游戏这一特征进行优化，因此在游戏开发中使用效果并不理想。

除"鼠标""键盘"类常用命令之外，UiBot 的"图像"类命令功能十分完善。在 UiBot Creator "命令区"内单击打开"图像"选项，可以看到图 2.54 显示的内容。

以某游戏平台为例，其界面就采用了 DirectUI 技术。我们以其登录对话框为例（图 2.55），其中的账户输入框、密码输入框、登录按钮等元素都无法被任何 RPA 工具直接获取到。这就需要用到图像命令。

图 2.54　图像命令　　　　　　　　　　　图 2.55　图像命令

2.4.4　软件自动化

应用程序是电脑软件的主要分类之一，是针对用户的某种特殊应用目的所撰写的计算机程序，如文本处理器、表格、浏览器等。通常应用程序在独立进程中运行，具备独立的地址空间。在网络技术不断发展创新与计算机产品不断普及的背景下，应用程序在日常办公中经常使用到，与此同时人工操作应用程序的弊端也逐渐显现，在录入大量信息、完成程式化的数据抓取和下载任务时，大量机械、重复的步骤会增大工作成本，也导致人力资源整体使用效能提升受到限制。UiBot 可以通过可视化的编程方式设计 RPA 机器人，实现识别、记录等功能，以及应用程序的自动化运行，不仅为企业节约大量时间成本与人工成本，更明显提升了工作人员办公效率，避免人工操作所产生的错误，增强企业核心竞争力。

对于常用的 Office 软件（如 Excel、Word、Outlook 等）、浏览器、数据库等，UiBot 将其自动化操作整合形成专门的功能命令，通过执行这些命令，与在整体操作界面的模拟相比，会更加高效、便捷。例如，虽然能够通过界面模拟来完成自动化流程，模拟打开一份 Word 文档，获取文档信息，但整体操作过程非常麻烦，而通过 Word 自动化命令，只需要一两条命令指令便能够轻松完成一系列操作。

2.4.5 与其他领域的技术结合

1. 云计算

根据提供方式，RPA 主要可以分为三个类型，分别是开发型、本地部署型、SaaS 型（云型）。

开发型 RPA，需要结合企业实际经营管理需求，进行单独的设计，成本以及时间消耗更大，比较适合运用在大型企业。本地部署型 RPA，就是将 RPA 软件安装在公司的服务器和电脑上，一般都是企业采购 RPA 成品。SaaS 型 RPA，可以登录到云服务平台，在云环境中部署软件机器人，并在 Web 浏览器上自动执行任务。

这三种 RPA，成本由大到小依次是开发型、本地部署型、SaaS 型。如果企业想要借助云服务低成本打造业务流程自动化，SaaS 型是最理想的选择。

SaaS 型 RPA 具有诸多优势，包括可以实现跨域部署、更高效便捷部署。

企业可以根据自身需求与成本预算，上线适合自己的 RPA 机器人类型。

2. 大数据

RPA 在数据收集上与大数据技术相比，更加高效便捷，可以实现跨软件系统的数据搬运，帮助企业打破经营管理中的"信息孤岛"。想要通过自动化技术提升企业运营数据流通能力，使不同软件系统之间的数据高效流通使用，仍然需要大数据技术的挖掘分析，才能在企业运营管理中提取有价值的数据，帮助企业制定运营中的各种决策。

利用 RPA 工具开展的数据分析以及应用流程。首先是通过 RPA 将业务流程最大限度地自动化处理。其次是实现各类数据分流、汇总以及整合。最后是利用大数据技术深入挖掘分析有价值的数据。可以看出，RPA 在数据收集汇总中至关重要，可以替代人工操作，即使工作量较大也不容易出现错误。

如果不想使用 RPA，而想使用大数据技术来实现数据收集与汇总，则需要搭建一个公有云或私有云大数据平台，将企业所有软件集成，如此才能实现企业业务流程自动化处理基础上的数据自动提取与整合。

这对于那些同时使用多种企业管理软件的公司而言，实际操作不仅难度大，而且工期长，后期运营维护投入成本也比较高，整体成效并不理想。

而日渐成熟的 RPA 技术是目前最佳的解决方案。它以非入侵外挂形式存在，不会对企业原有的软件造成影响，并且 RPA 可以作为企业各种软件中间的连通器，对于那些不具备自建大数据平台能力的中小型企业也能快速打通办公软件平台、尽快实现通过数据指导企业经营决策的发展目标。

3. 人工智能

对于 RPA 与人工智能之间的区别，RPA 属于流程自动化，可以根据规则自动完成重复性与规则性强的业务流程，而人工智能则是让机器具备类似于人的思想，可以作出判断，其研究领域是通过机器执行人类思考决策下才能完成的复杂工作任务。两者在使用特征上有明显差异。当 RPA 与人工智能融合后，RPA 机器人不再局限于执行机械重复的自动化任务，而是具备简单的决策思考能力，这种能力可以在深度学习指导下不断升级，从而应对复杂业务的流程场景。

无论是 RPA + 人工智能或是人工智能+RPA，任何一种组合方式都可以通过监控引擎、决策引擎、运筹引擎、控制引擎等不同方式与机器人"沟通"。机器人利用人工智能的 OCR、NLP 以及语音交互等功能，更好地执行操作命令，同时将工作数据反馈给组合系统中的智慧大脑，在算法训练、机器学习运用下，确定更优的流程路线运行。

目前 UiBot 已经整合了 OCR、聊天机器人、自然语言处理、语音识别、智能决策等人工智能技术。融合人工智能技术的 UiBot，对于大量非结构化数据的处理更加高效率、高质量，适用于不同业务场景，帮助企业快速降低经营成本、提升决策成效。

2.5　UiBot 基本语法

学习本节知识之前，最好可以掌握任意一门的编程语言，有着数据类型、变量以及判断条件等基本概念。但若对此类概念全然不知也不必担心，本节将会在此进行简单的讲解。

UiBot 对编程基础经验要求比较低，所需要学习掌握的编程基础知识较少，因此不必担心学习困难。耐心学习本节讲解的基本概念便足够。

首先观察图 2.56 所示 Excel 表格，单元格中的信息完全是虚构的，只是用这些信息对几个基本的概念进行解释。

	A	B	C	D
1	订单号	顾客姓名	订单数量	销售额
2	3	李鹏程	6	261.54
3	6	王永民	2	6
4	32	赵雯雯	26	2808.08
5	35	高亮	30	288.45
6	36	张国华	46	2848.78
7	65	李诞	32	4975.73
8	66	谢浩倩	41	7486
9	69	何传梅	54	4228.89

图 2.56　Excel 表格

2.5.1　数据

RPA 的主要工作就是处理各种数据。设想有一张 Excel 表格，其中的很多格子已经填写了内容，这些内容都是数据。数据是计算机和人类交换的信息。

实际上，数据还可以细分为结构化数据和非结构化数据。像这种整整齐齐地写在一个个格子中的，显然是结构化数据。工作中会接触到的大多数数据也都是结构化数据，所以用这个表格来理解数据的概念就够了。而像图片、声音、视频、网页这些大部分都是非结构化数据，这里就不展开讲了。

2.5.2 数据类型

在常用的程序汇编语言中会将数据分为多种类型，UiBot 中常见的数据类型有数值型、字符串型、布尔型、空值型、复合型等。在初级教程中，学习除了复合型之外的几种类型就够了，复合型放在中级教程中学习。

数值型就是数字，可能是整数，也可能包含小数位（在计算机中一般称为浮点数），如图 2.56 中的"订单数量""销售额"等。

字符串型通常是一串文字，一般会用一对双引号（"）或一对单引号（'）包起来，以示区别；字符串中使用反斜杠来表示一些特殊字符，如 \t 代表制表符， \n 代表换行， \' 代表单引号， \" 代表双引号， \\ 代表反斜杠本身等。字符串中间可以直接换行，换行符也会作为字符串的一部分。也可以用前后各 3 个单引号（'''）来表示一个字符串，这种字符串被称为长字符串。在长字符串中，可以直接写回车符、单引号和双引号，无须用 \n、\' 或者 \"。

布尔型只有"真"和"假"两个值，当然也经常被称为"真"和"否"与"True"和"False"等，内涵都是一样的。

空值型的值总是 **Null**，不区分大小写。

如何区分这几个数据类型呢？一般来说，数值型是可以加减乘除的；字符串通常只会连接，而没有其他运算；布尔型通常只有"与、或、非"等逻辑运算。比如图 2.56 中"顾客姓名"一列的数据，做加减乘除和逻辑运算都是没有意义的，所以应该是字符串类型，写的时候要加一对双引号，如"李鹏程"。

图 2.56 第一列"订单号"的数据，本质上是数字，可以用于加减乘除，但将这列单元格进行加减乘除是没有意义的。所以既可以按数值型处理，也可以按字符串型处理，设计者可以根据需要酌情考虑。

2.5.3 变量

在图 2.56 中，每个数据都是保存在一个小格子当中的。而且，Excel 给每个小格子都设定了一个名字，比如 261.54 这个数据所占用的格子，就被称为 D2。这个格子中的数据可能会改变，如销售额可能会发生变化，但是，这个格子的名字 D2，是不变的。在 Excel 中只要取 D2 这个格子中的数据，就可以取得其中最新的值。

"变量"是编程中一个常见的概念，和 Excel 中的格子一样，变量也相当于一个格子，其中可以存放数据。变量也有名字，可以通过名字取得变量中保存的数据，也可以通过名字对变量"赋值"，也就是设置变量中保存的数据。

Excel 中的格子命名都是"字母 + 数字"的形式，而编程语言中的变量命名会灵活很多，可以是一个很长的英文单词，或者用下划线连接起来的好几个单词，除了第一个字符外，后面还可以使用 0～9 的数字。有的编程语言，包括 UiBot 所使用的编程语言，还可以用汉字来命名变量。一般推荐把变量的命名设置得略长一些，最好是有意义的单词或词组，而不是像 D2 这样的"代号"。这主要是为了在阅读的时候看得更清晰，对程序的运行并没有影响。UiBot 变量名不区分大小写。

UiBot 中的变量是动态类型的，无须在定义的时候声明变量的类型，即变量的值和类型都可以在运行过程中动态改变。这也符合一般脚本语言如 Python、Lua、JavaScript 等的习惯。

定义变量名的方式是 Dim 变量名。

在定义变量名的同时可以给变量赋值一个初始值：Dim 变量名 = 值。想要定义多个变量的话，可以这样定义：Dim 变量名 = 值，变量名 1 Dim 变量名 = 值，变量名 = 值，同理，想要定义一个常量就这样定义：Const 常量名 = 值，常量名 = 值。

2.5.4　表达式

变量和变量之间，或者变量和固定的数据之间，都可以进行运算，它们运算的算式被称为"表达式"。由于变量的值可能会发生变化，所以表达式的值也可能会发生变化。在编程语言中写一个表达式以后，只有运行到表达式所在的这一行，才会根据变量中保存的数据，去计算表达式的值。

比如，$x + 2$ 就是一个表达式，当不能确定 x 的值的时候，就不能确定这个表达式的值。如果在运行到这一行的时候，发现 x 的值是 3，那么 $x + 2$ 的值就是 5。

当然，有的运算是没有意义的，如对一个字符串做除法，就是没有意义的。但由于在书写表达式的时候，变量的值还没有确定，可能无法马上确定这个表达式有问题。当运行到这一行的时候，计算机才发现表达式有错，无法继续运行下去了，通常会报错并退出。

2.5.5　条件判断

在编写一段程序的时候，一般会一行一行地去写。在程序运行过程中，一般会按照从上到下的顺序逐行运行，这样能够保证程序运行时不会出现错乱。当然，这种运行方式是不够灵活的，更希望能在运行的时候判断某个条件，然后根据条件，决定是否要执行某一段语句。这就是条件判断语句。

条件判断语句在不同的编程语言中有不同的写法，但其大致形式通常都是一样的：

```
如果 <表达式> 则
语句 1
语句 2
条件判断结束
```

其含义是，在运行到"如果"那一行的时候，会计算其中的表达式的值。这个表达式的值应该是布尔类型，如果不是，通常会自动转换为布尔类型。计算机会根据这个表达式的值，来决定要不要运行被"如果"和"条件判断结束"所包夹的语句，也就是例子中的语句 1 和语句 2。只有当这个表达式的值为"真"的时候，才会运行它们；否则，会跳过它们。

在程序中会经常遇到条件判断语句，比如如下的程序：

发送邮件

如果 发邮件没有成功 则

给用户报告没有成功

只要正确地填写"如果"这一行中的表达式，使其在"发邮件没有成功"的时候为真，在"发邮件成功"的时候为假，就能达到目的。相反，通常条件判断语句没有写好，其实也都是表达式没有设定好。在这个例子中，一般"发送邮件"语句会给一个变量赋值，返回是否发送成功，把这个变量置入"如果"这一行的表达式中，即可奏效。

2.5.6 循环

循环语句和条件判断语句的形式比较接近，通常是：

当 <表达式> 的时候循环

语句 1

语句 2

循环结束

和条件判断语句类似，在运行到"当 <表达式> 的时候循环"时，也会先计算其中的表达式的值，如果表达式的值为"假"，会跳过这个循环，直接运行"循环结束"后面的语句。但和条件判断语句最大的不同是，如果表达式的值为"真"，会在运行完后面的语句 1 和语句 2 以后，再次跳回"当 <表达式> 的时候循环"这一行，重新判断表达式的值。

这样一来，就可以用循环语句，让计算机来做重复性的工作了。比如下面的程序：

发送邮件

当邮件没有发送成功的时候循环再尝试发送邮件

循环结束

当邮件没有发送成功的时候，这个程序会反复尝试，直到邮件发送成功为止。当然，和条件判断语句类似，循环语句中最关键的还是如何正确地设置这个表达式。如果设置得不好，表达式始终为"假"，则有可能程序在这里一直循环，不会再往下运行，也不能结束，这种情况叫"死循环"。

2.6　UB 语言参考

除通过可视化视图开发之外，很多用户习惯使用 UiBot 的源代码视图进行开发。源代码视图使用一种 UiBot 自创的编程语言 BotScript（以下简称"UB 语言"）来描述流程块。

本 章 小 结

本章我们深入研究了 RPA 财务机器人的开发技术和相关要点。首先，我们介绍了

UiBot 的组成和 RPA 技术架构，为后续的开发工作奠定了基础。其次，我们详细介绍了 UiBot 界面，帮助我们熟悉 UiBot 的用户界面和操作方式，为后续的开发工作做好准备。再次，深入探讨了 UiBot 自动化技术，了解这些技术对于实现财务流程的自动化非常重要。同时，我们学习了 UiBot 的基本语法，这是编写财务机器人脚本的关键。通过掌握基本语法，我们可以编写自定义的逻辑和指令，以实现特定的财务任务。此外，我们还学习了 UB 语言参考，了解了除通过"可视化视图"开发之外，还有 Uibot 的"源代码视图"进行开发。"源代码视图"使用一种 Uibot 自创的编程语言 BotScript（UB 语言）来描述流程块。

课后习题

1. 简要描述 UiBot 组成。
2. 简要描述 RPA 技术架构中的抓屏技术。
3. 列举几个软件自动化处理技术。
4. 列举三个维度来展示光学字符识别的效果。
5. UiBot Creator 界面应用程序有哪几个？
6. 简要描述 UiBot Worker 的两种工作模式。
7. 简要介绍 UiBot Mage。
8. 简要介绍 UiBot 自动化技术发展的四个阶段。
9. 列举 RPA 与其他领域的技术结合。
10. 简要描述 UiBot 基本语法中的"表达式"。

答案解析　　扫描此码

即测即练

即测即练　扫描此码

思政探索

　　如何以辩证思维分析 RPA 财务机器人对会计工作的机遇与挑战？如何看待 RPA 财务机器人对财务人员价值的重塑？

第 3 章

RPA 在财务中的应用——Excel 篇

【知识目标】

    1. 识别 RPA 机器人操作 Excel 与传统人工操作的不同点

    2. 记忆 RPA 机器人 Excel 自动化操作

    3. 描述 RPA 机器人如何汇总管理费用明细表

    4. 描述 RPA 机器人如何提取构建财务数据表

    5. 描述 RPA 机器人如何计算绩效考核表

【技能目标】

    1. 应用 UiBot 软件进行基于 Excel 的操作

    2. 操作 UiBot 软件实现管理费用的汇总

    3. 操作 UiBot 软件提取和构建财务数据表

    4. 应用 UiBot 软件进行绩效考核表的计算

【关键术语】

    Excel 自动化、企业财务、UiBot、管理费用明细表、财务数据表、绩效考核表、RPA 工具、RPA。

RPA 助力企业财务工作者实现高效率办公

    在数字时代，财务工作者除了 Excel 必备技能，还应该掌握 RPA 相关技能。虽然 Excel 因其功能强大，成为日常财务办公中不可缺少的软件，但合格财务工作者面对大量机械性工作，尤其是在月底、年关，各种报税、结账对账、集中报销、管理报表中，仅仅依靠 Excel 并不足以减轻工作压力。尤其是在凭证录入工作中，大量的复制粘贴操作极容易导致粘贴过程中出现错乱，完成工作任务后，也需要财务人员一遍一遍地核对，一旦出现错误，便需要全部从头开始重做，导致财务工作人员工作耐心受到了极大挑战。

    在这样的工作环境下，很多财务工作人员都想开发一种软件，能够完全代替人工进行录入操作，这样既能够提升整体工作效率，也能够降低工作中的出错率。在数字化时代，这一需求已经被满足，这种能够代替自己工作的软件就在身边。它就是 RPA 机器人。RPA 机器人是一种可以模仿并重复人工计算机操作的虚拟机器人，也可以理解为虚拟劳动力。虽然 RPA 不具有具体的人形，但却能够替代人工完成重复、烦琐的工作任务，将人释放出来。虽然 RPA 在财务领域应用优势众多，但并不是仅为应对财务工作而设计开发的，它还可以应用到其他领域的工作中。财务工作的结算流程中，通常会涉及上百个需要执行的小任务，每个小任务都具有关联性，只有完成一个任务，才能进入下一个任务。对发票进行处理时，为避免出现错误，也需要浪费大量时间进行复核，不仅工作量大，并且十分烦琐。RPA 机器人的使用可以完美地帮助财务工作人员解决以上难题，能使之高效、准确地完成重复性并且逻辑性强的工作任务。

将 RPA 机器人运用在处理凭证工作中，可以将财务工作人员从机械、繁重的工作任务中解放出去，从而通过软件自动获取数据、自动录入凭证，提高做账效率的同时也解决了手工录入错误的问题。在应付结算环节中，RPA 机器人替代人工完成发票、入库单核对匹配，经过处理产生应付款单，并将其导入共享平台。在自动化操作中，从打开 Excel 到 ERP 系统登录，从数据自动录入到追踪步骤流程，RPA 机器人均能够替代财务人员自动执行。其应用范围包括账单管理、报表管理、预算管理、信用管理、税务管理、流程控制等方面。RPA 机器人在应用范围上基本覆盖全部财务运营管理。

Microsoft Excel 是 Microsoft 为使用 Windows 和 Apple Macintosh 操作系统的电脑编写的一款电子表格软件，融合了直观的界面、出色的计算功能和图表工具，是目前主流的计算机办公数据处理软件。随着 Excel 在各行各业的广泛使用，流程机器人（UiBot Creator）也集成了 Excel 的功能模块，可以让流程自动化机器人自动操作 Excel，可执行的一些常见操作有：

（1）打开/关闭/另存为 Excel 工作簿；

（2）查找数据；

（3）读取/写入单元格；

（4）读取/写入行；

（5）读取/写入列；

（6）读取/写入区域；

（7）创建工作表。

本章将结合 RPA 在财务领域 Excel 的应用，介绍 RPA 汇总管理费用明细表、RPA 提取构建财务数据表、RPA 计算绩效考核表三个复杂流程场景的功能实现。

3.1　Excel 自动化操作

Excel 是 Office 办公软件的重要成员，也是财务工作人员日常工作中最常使用的软件之一，具有计算分析、图标制作等功能，是目前最为流行的电子表格处理软件之一。对 Excel 实现自动化，是 RPA 系统机器人使用过程中最常遇到的场景。

微课堂：Excel 自动化（1）

在实现 Excel 自动化之前，我们先明确两个概念：工作簿和工作表（图 3.1）。工作簿是处理和存储数据的文件，一个 Excel 文件对应一个工作簿。工作表是工作簿中的一张表格。每个工作簿默认有三张工作表，分别是 Sheet1、Sheet2、Sheet3，使用者可以根据实际情况增加或删减工作表。

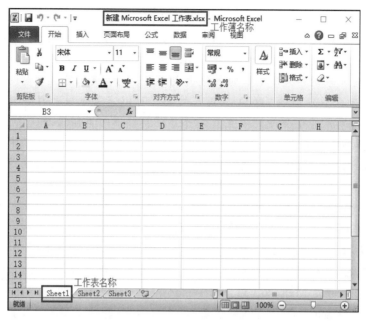

图 3.1　Excel 工作簿和工作表

　　Excel 工作表是二维表格，拥有多个单元格，结合行号与列号，可以确定一个单元的具体位置。行号通常用 1，2，3，4 这样的数字序列表示；列号通常用 A，B，C，D 这样的字母序列表示。对于单元格，可以使用"列号+行号"表示，如图 3.2 中的 B3 单元格，就是指第 2 列与第 3 行交叠处的单元格。

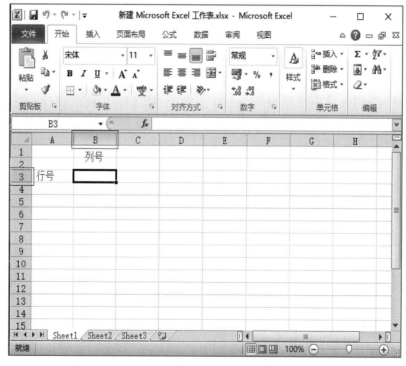

图 3.2　Excel 的行和列

使用 UiBot 自动化操作对 Excel 表格中的内容进行处理时，首先需要打开指定的工作簿，后续对工作表或单元格的具体操作，均是在已经打开的工作簿上进行的。当使用 UiBot 自动化操作对 Excel 表格中的内容处理完毕后，需要关闭该工作簿。

以下是具体的操作介绍。

在 UiBot Creator 的命令列表中，选择"软件自动化"并打开，在此基础上选择"Excel"并进入，其中第一项命令便是"打开 Excel"，利用它便能够打开一个 Excel 工作簿。

这条命令所包含的属性如图 3.3 所示。

首先是"文件路径"属性，这一指令要指定具体的 Excel 工作簿文件路径，文件格式包括 xls、xlsx、xlsm 等。根据前面的讲解，选定的路径可作为绝对路径，同时也能切换到专业模式，用诸如@res "模拟数据.xlsx"的格式来指代一个相对路径下的文件，相对的是流程所在的文件夹中，名为 res 的文件夹。请注意，如果使用绝对路径，推荐切换到普通模式，并单击右侧文件夹图标的按钮，直接选取文件即可，这样比较简便且不容易出错。否则，如果切换到专

图 3.3　打开 Excel 工作簿

业模式，就需要按照字符串的格式来写，不仅要用引号表示这是一个字符串，还要把路径中的\符号写为\\。

若选定的工作簿文件是存在的，在自动化流程执行中，会对选定的工作簿文件进行操作。但若选定的工作簿文件是不存在的，那么在自动化流程执行过程中，会自动创建一个空白的 Excel 工作文件，然后对所创建的工作簿文件进行操作。

下一个属性是"是否可见"，这是一个布尔类型的属性，其值只能是"是"（true）或者"否"（false）。当选择"是"的时候，这条命令会打开 Excel 软件，并且把这个工作簿显示出来。否则，可以在不显示 Excel 软件界面的情况下，仍然正常读取或修改这个工作簿文件的内容。

接下来是"打开方式"，这是一个字符串类型的属性，用于指定打开工作簿文件的方式。根据需要，可以选择不同的打开方式，如只读模式、共享模式、自动备份模式等。默认情况下，UiBot 会以只读模式打开工作簿文件，但是用户可以根据实际情况修改打开方式以满足不同的需求。

另外两条属性是指定要打开的 Excel 工作簿的密码，如果没有密码，保存空白即可。在上面的"输出到"属性中，需要填入一个变量名，该变量名可以在运行程序中代指已经打开的 Excel 工作簿，可将其定义为"工作簿对象"。随后进行工作簿读取、修改的功能操作，同样要将该变量填入所对应命令的"工作簿对象"属性内，代表所操作功能是基于该工作簿的。例如图 3.3 所操作的打开工作簿，"输出到"变量是 objExcelWorkBook，后续的 Excel 操作命令，所对应的"工作簿对象"属性全部填入 objExcelWorkBook。

下面尝试读取指定工作簿中的"Sheet1"工作表内 A1 单元格存储的信息。插入一

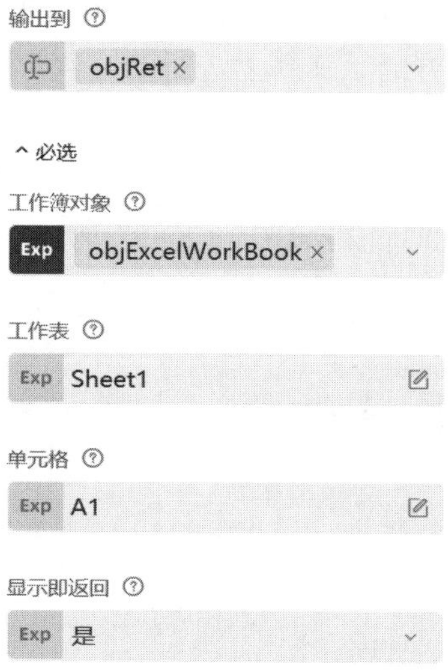

输出到 ⑦

〔り〕 objRet ×

⌃ 必选

工作簿对象 ⑦

Exp　objExcelWorkBook ×

工作表 ⑦

Exp　Sheet1

单元格 ⑦

Exp　A1

显示即返回 ⑦

Exp　是

图 3.4　读取单元格

条"读取单元格"命令后出现如图 3.4 所示的命令属性信息。

图 3.4 中,"工作簿对象"属性与"打开 Excel 命令"的"输出到"属性一致,因此要填写 objExcelWorkBook,表明从该工作簿中读取单元格信息。

除此之外还需要指定"工作表"和"单元格"属性,使 UiBot 明确所要读取工作表的具体单元格位置。"工作表"和"单元格"在指定方式上有两种类型:一种是根据 Excel 的习惯,使用"Sheet1"与"A1"进行指定,表示名称为"Sheet1"的工作表与名称为"A1"的单元格;另一种是通过一个整数来指代工作表。UiBot 对于工作表的编号最常从 0 开始,所以 0 代表第一张工作表,1 代表第二张工作表,按照整数依次排序表示第三张工作表、第四张工作表……这种方式可以忽略掉工作表实际的名字,也可以通过括号中两个整数,如[a,b]方式来指代单元格,其中 a 和 b 所对应的表格均是以 1 开始编号的整数,括号中的字母分别对应行与列,如[1,1]表示"A1"单元格,[1,2]则为"B1"单元格。

使用字符串方式表示工作表和单元格,符合 Excel 的常规操作习惯,使工作人员更容易读懂。使用整数对工作表和单元格进行指代时,能够将整数保存在变量内,从而根据工作逻辑随时变化。如使用[a,b]对单元格进行表示,其中的 a、b 可以是变量名,根据循环逻辑依次递增,就可以将多个不同的单元格读出来,在整体显示的灵活性上更强。具体采用哪一种方式,可以根据实际工作中的需求来选择。

"输出到"属性中还需要填写一个变量名,代表将所读取到的单元格信息输入这一变量内,如果单元格中的信息是数值,那么变量也会对应一个数值,如果单元格中的信息是字符串,那么变量自然会对应字符串。

在日常工作中,经常需要读取 Excel 工作簿中的多个单元格信息,UiBot 运用中如果每次只读取一个单元格信息,不仅效率低,也十分麻烦。而 UiBot 充分考虑这一工作需求,开发了"读取区域"的命令,能够一次性将矩形范围中所有单元格的信息完全读取。以插入一条"读取区域"命令为例,它的属性如图 3.5 所示。

观察图 3.5 可以发现,比较"读取区域"命令与"读取单元格"命令,"工作簿对象"和

输出到 ⑦

〔り〕 arrayRet ×

⌃ 必选

工作簿对象 ⑦

Exp　objExcelWorkBook ×

工作表 ⑦

Exp　Sheet1

区域 ⑦

Exp　A1:B2

显示即返回 ⑦

Exp　是

图 3.5　读取区域

"工作表"这两个属性是相同的。"工作簿对象"和"工作表"属性对应所需要读取的工作簿与工作表内容。

"区域"属性以字符串形式表示（需要加双引号表示这是一个字符串），根据 Excel 习惯填写，举例填写"A1:B2"，表示读取的内容范围从左上角 A1 单元格到右下角 B2 单元格，共包含了 2 行 2 列的 4 条数据。

除字符串外还可以通过"二维数组"来指代读取的具体区域范围，如"A2:B6"可以写为[[2,1]，[6,2]]，其中的整数均可以写为变量，这样后续读取的具体区域范围可以根据工作业务逻辑变化而变化，整体操作灵活性更强。但如果对二维数组不够了解，也可忽略该方法，使用字符串进行指代。

"输出到"属性中填写了一个变量名 arrayRet，读取到的内容将会输出到这个变量中。例如图 3.6 所示的表格，需要 UiBot 读取"A1:F2"的区域，并且在"读取区域"命令之后，加入一条"输出调试信息"命令，将 arrayRet 这个变量的值打印出来。

A	B	C	D	E	F
刘备	关羽	张飞	赵云	马超	黄忠
20K	18K	15K	12K	10K	10K

图 3.6　要读取的 Excel 表格内容

从输出信息可以看到，"读取区域"命令输出的是一个二维数组，在图 3.6 中，输出的结果是：[["刘备"，"关羽"，"张飞"，"赵云"，"马超"，"黄忠"]，["20K"，"18K"，"15K"，"12K"，"10K"，"10K"]]。

对于编程的概念不熟的学员，可能还不了解"数组""二维数组"是什么，这些概念会在后文中详细讲解，现在我们只需要知道：利用 Excel 的"读取区域"命令，可以将一个 Excel 表格某块区域内的数据全部读取出来，并放到一个变量 arrayRet 中。

既然能读取，同样也能写入。UiBot 提供了一系列的 Excel 写入命令来修改工作簿的内容。可以尝试将图 3.2 所示 Sheet1 工作表中的 A7 单元格的内容写为"张三"。在"打开 Excel"命令之后插入一条"写入单元格"命令，可以看到这条命令的属性如图 3.7 所示。

其中，"工作簿对象""工作表"和"单元格"

^ 必选

工作簿对象 ⑦

Exp　objExcelWorkBook ×

工作表 ⑦

Exp　Sheet1

单元格 ⑦

Exp　A1

数据 ⑦

Exp　张三

立即保存 ⑦

Exp　否

图 3.7　写入单元格

三个属性的含义与"读取单元格"命令一致，表示本条命令操作的是哪个"工作簿对象"的哪个"工作表"的哪个"单元格"。

"数据"属性中填入的是即将写入单元格的数据，如果在普通模式下填写这个属性，会以文本格式写入 Excel 的单元格。如果切换到高级模式，还可以填写数值、字符串、变量或者表达式。

Excel 写入类命令，还有一个很重要的属性叫作"立即保存"。如果这个属性选择"是"，那么写入操作会被立即保存，就好比我们手动修改 Excel 文件内容后，立即按"Ctrl+S"键进行保存一样；而如果这个属性选择"否"，那么写入操作将不会被立即保存，除非单独调用一次"保存 Excel"命令，或者在"关闭 Excel"命令的"立即保存"属性选择"是"，两种方法效果一样，都可以保存 Excel 修改的内容。

其他的 Excel 写入类命令的用法与"写入单元格"命令类似，在此不再赘述。需要注意的是：每个写入类命令的"数据"属性，必须与这条写入命令的写入范围一致，这

微课堂：Excel 自动化（2）

样才能保证数据正确写入。就是说，写入一个单元格，"数据"属性就应该是一个单元格的数据；写入一行，"数据"属性就应该是一行单元格的数据（一维数组），且数组的长度与该工作表数据的列数相等；写入区域，"数据"属性就应该是几行几列单元格的数据（二维数组）。如果不一致，很容易报错或者出现写入 Excel 数据错位的情况。UiBot 还提供了"创建多维数组"命令，可以快速创建一维、二维甚至更高维的数组，以便写入。

Excel 操作结束，建议用 UiBot 中"关闭 Excel 工作簿"功能将所打开的 Excel 工作簿关掉。如果运行结束后 Excel 仍然是打开的状态，那么会消耗更多的系统资源。特别是当我们在打开 Excel 工作簿时选择"不可见"的时候，虽然 Excel 的界面被隐藏了，但是界面被隐藏后仍然处于打开状态，不仅增加了系统资源消耗，工作人员也不易察觉。

3.2 RPA 汇总管理费用明细表

汇总管理费用明细表流程的实现首先是需要登录到企业内部的财务系统，从财务系统的指定页面下载或导出管理费用明细数据，再对下载后的管理费用明细数据提取有效字段，重新生成新的报表，并自动发邮件给相关业务人员。如图 3.8 所示，流程图有判

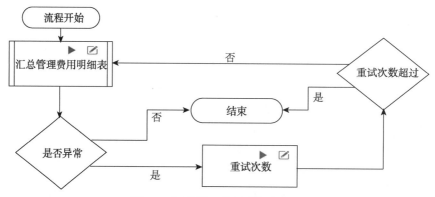

图 3.8 汇总管理费用明细表流程

断重试次数的设计，如果“汇总管理费用明细表”流程出现异常，则进入“重试次数”流程，再进入“重试次数超过”判断，重试次数若不超过最大运行次数，会再次回到“汇总管理费用明细表”流程，否则流程会自动停止，并产生日志记录，可以追溯流程出错的部分，方便后期流程维护。

3.2.1　子流程“汇总管理费用明细表”

子流程“汇总管理费用明细表”包含了“报表下载”流程和“报表处理”流程。

1. 报表下载

“报表下载”流程的主要功能是在内部的财务系统中进行鼠标和键盘的操作。

（1）定位并单击财务系统中的“余额表”功能模块，如图 3.9 所示。

鼠标移动到目标上
注释：鼠标移动到左上角
鼠标点击目标
注释：点击“账簿”
鼠标点击目标
注释：点击“余额表”

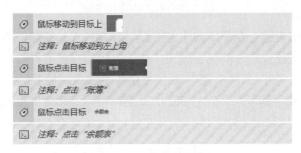

图 3.9　鼠标移动和单击

在搜索命令框分别查找【移动到目标上】和两个【点击目标】并拖曳到开发区，单击“查找目标”，选中要单击的元素，如图 3.10 所示。

鼠标点击目标
查找目标

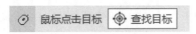

图 3.10　【点击目标】初始样式

（2）通过输入管理费用科目编码“5602”，定位选择科目“管理费用”；在搜索命令框查找【在目标中输入】命令，并写入文本“5602”，如图 3.11、图 3.12 所示。

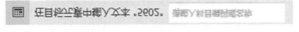

图 3.11　键盘输入和选择

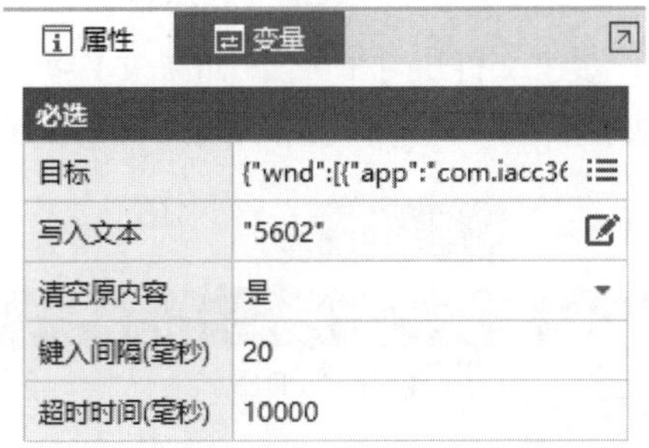

属性
变量
必选
目标
{"wnd":[{"app":"com.iacc3(
写入文本
"5602"
清空原内容
是
键入间隔(毫秒)
20
超时时间(毫秒)
10000

图 3.12　【在目标中输入】命令属性

（3）创建结果文件夹。若该结果文件夹已存在，则无须创建，反之需创建结果文件夹，结果文件夹放置在当前流程的工作文件夹，就是工程所在文件夹，如图 3.13 所示。

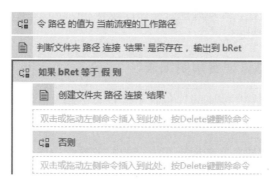

图 3.13　创建结果文件夹

在搜索命令框中查找【变量赋值】，变量名为"路径"，变量值为"$Flow.WorkPath"即当前流程的工作路径。之后的流程可用"路径"代表当前流程的工作路径。

在搜索命令框中查找【判断文件夹是否存在】命令，路径改为"路径&'"结果"'"即结果文件夹的路径。如果结果文件夹存在，输出的 bRet 为"真"，反之为"假"，如图 3.14 所示。

图 3.14　【判断文件夹是否存在】命令属性

在搜索命令框中查找【如果条件成立则执行后续操作】命令，判断的表达式为"bRet=false"，如图 3.15 所示。

图 3.15　【如果条件成立则执行后续操作】命令属性

在搜索命令框中查找【创建文件夹】命令，如果文件夹不存在则执行创建文件夹，否则不做操作，创建文件夹的路径为"路径&'"结果"'"，如图 3.16 所示。

图 3.16　【创建文件夹】命令属性

（4）将下载好的报表存储至结果文件夹。在财务系统中将"余额表"报表下载到结果文件夹，如图 3.17 所示。

图 3.17　下载报表

在搜索命令框查找【点击目标】，选中界面中的下载按钮，再查找【获取元素文本】，抓取界面中文件的名字，输出为"文件名"，如图 3.18 所示。

图 3.18　【获取元素文本】命令属性

在命令搜索框查找【变量赋值】，令"g_manageInfoPath"（也可自己定义名称）等于"路径&'"结果\'"&文件名"，如图 3.19 所示。

图 3.19　【变量赋值】命令属性

在命令搜索框查找【在目标中输入】，写入文本为"g_manageInfoPath"即给文件命名，如图 3.20 所示。

图 3.20　【在目标中输入】命令属性

在命令搜索框查找【点击目标】,选中界面中的保存按钮。科目余额表如图 3.21 所示。

	A	B	C	D	E	F	G	H
1				科目余额表				
2	编制单位:厦门链友融科技有限公司			2022年01月				单位:元
3	科目编码	科目名称	期初余额		本期发生额		期末余额	
4			借方	贷方	借方	贷方	借方	贷方
5	5602	管理费用			70,300.00	70,300.00		
6	560201	管理人员职工薪酬			60,000.00	60,000.00		
7	560201.000001	管理人员职工薪酬.总经办			20,000.00	20,000.00		
8	560201.000002	管理人员职工薪酬.财务部			20,000.00	20,000.00		
9	560201.000003	管理人员职工薪酬.人事行政部			20,000.00	20,000.00		
10	560202	办公费			200.00	200.00		
11	560202.000003	办公费.人事行政部			200.00	200.00		
12	560210	房租			10,000.00	10,000.00		
13	560210.000001	房租.总经办			5,000.00	5,000.00		
14	560210.000002	房租.财务部			5,000.00	5,000.00		
15	560211	通讯费			100.00	100.00		
16	560211.000003	通讯费.人事行政部			100.00	100.00		
17		损益小计			70,300.00	70,300.00		
18		合计			70,300.00	70,300.00		
19								

图 3.21　科目余额表

2. 报表处理

"报表处理"流程的主要功能是对下载的表格进行拆分,保存并发送邮件。

(1)关闭已打开的 WPS Office 软件,使 WPS Office 软件处于启动前状态,以便后续机器人执行过程中 WPS Office 软件能够正常使用。

在命令搜索框查找【关闭应用】,进程名为 "wps.exe",如图 3.22、图 3.23 所示。

图 3.22　关闭 WPS Office 软件

图 3.23　【关闭应用】命令属性

（2）复制一份"管理费用明细表"副本到结果文件夹（图 3.24），"管理费用明细表"正表继续保留。

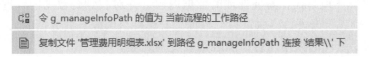

图 3.24　复制"管理费用明细表"副本

在搜索命令框中查找【变量赋值】，变量名为"路径"，变量值为"$Flow. WorkPath"即当前流程的工作路径。之后的流程可用"路径"代表当前流程的工作路径。

在搜索命令框中查找【复制文件】，将工程文件夹 res 下的"管理费用明细表.xlsx"复制到工程文件夹结果文件夹下。路径为"@res'"管理费用明细表.xlsx'"，复制到的路径为"g_manageInfoPath&'"结果\'"，如图 3.25、图 3.26 所示。

图 3.25　【复制文件】命令属性

⊿	A	B	C	D	E	F
1	RPA汇总管理费用明细表					
2						
3	2022年1月管理费用明细表					
4						
5	序号	费用名称	本月合计	总经办	财务部	人事行政部
6	1	管理人员职工薪酬	-			
7	2	办公费	-			
8	3	业务招待费	-			
9	4	开办费	-			
10	5	差旅费	-			
11	6	交通费	-			
12	7	固定资产折旧	-			
13	8	长期待摊费用摊销	-			
14	9	研究费用	-			
15	10	房租	-			
16	11	通信费	-			
17		合计	-	-	-	-
18						

图 3.26　管理费用明细表

（3）先建立部门字典，方便后续写入的时候使用，如图 3.27 所示。

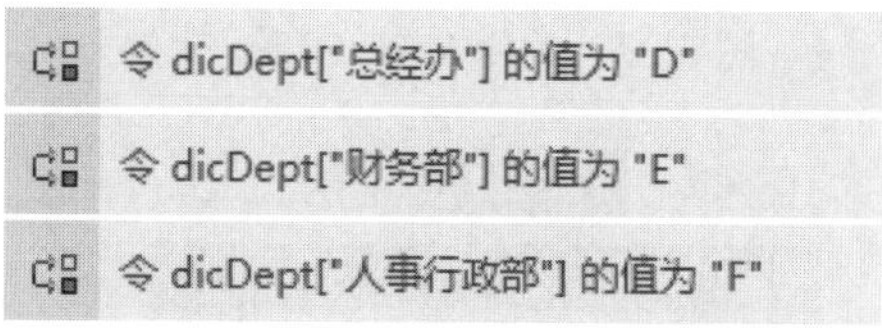

图 3.27　建立部门字典

在右侧添加变量，变量名为"dicDept"，值为"{}"。

在命令搜索框查找添加 3 个【变量赋值】，令"dicDept["总经办"]"的值为"D"，令"dicDept["财务部"]"的值为"E"，令"dicDept["人事行政部"]"的值为"F"。

（4）通过条件判断找到需要处理的数据内容，并对找到的数据内容进行处理。

读取"余额表"报表，读取每一行数据，若"科目编码"列数据的长度大于 6 个字符，则是所需要处理的数据内容；反之则跳过不处理。

从"科目名称"提取"费用类型"和"部门"，从"本期发生额"的"借方"提取"费用金额"。通过"费用类型"和"部门"定位"管理费用明细表"副本填写位置，并将"费用金额"写入相应的单元格中，如图 3.28 所示。

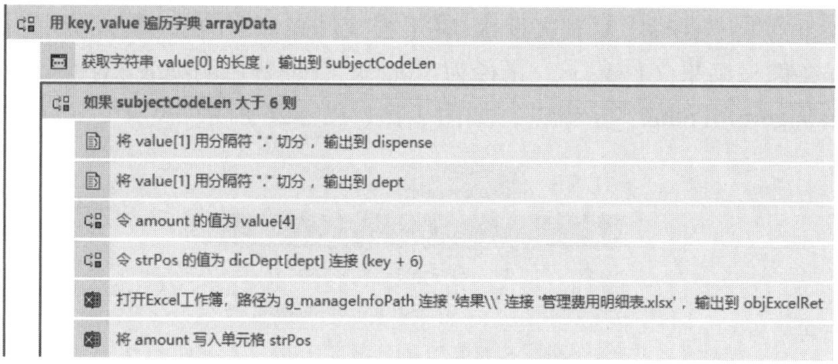

图 3.28　数据处理

在命令搜索框查找【for each】，选择读取字典的命令，键为"key"，值为"value"，字典为"arrayData"，如图 3.29 所示。

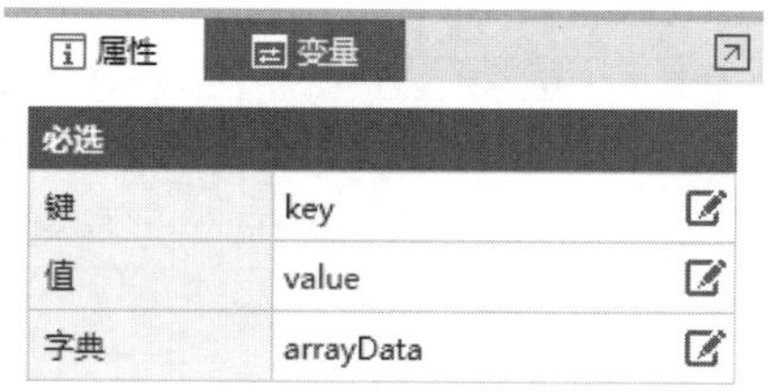

图 3.29　【for each】命令属性

在命令搜索框查找【获取字符串长度】，目标数组为"value[0]"，输出为"subjectCodeLen"，如图 3.30 所示。

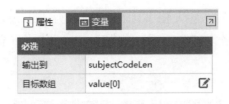

图 3.30　【获取字符串长度】命令属性

继续添加【如果条件成立则执行后续操作】，也可在搜索框输入"if"查找，判断表达式为"subjectCodeLen>6"，如图 3.31 所示。

图 3.31　【if】命令属性

添加【分割字符串】，目标字符串为"value[1]"，分割符为"."，输出为"dispense"，切换到源代码页面，在该行命令代码后添加"[0]"即科目名称，再次添加【分割字符串】，目标字符串为"value[1]"，分割符为"."，输出为"dept"，即部门，切换到源代码页面，在该行命令代码后添加"[1]"，如图 3.32 所示。

```
For Each key, value In arrayData
    subjectCodeLen = Len(value[0])
    If subjectCodeLen>6
        dispense = split(value[1],".")[0]
        dept = split(value[1],".")[1]
```

图 3.32　【分割字符串】源代码

在命令搜索框查找并添加两个【变量赋值】，令"amount"的值为"value[4]"即"借方金额"，令"strPos"的值为"dicDept[dept]&(key+6)"，即要写入的单元格，因为要写入的单元格是从第 6 行开始的，key 的初始值为 0。

在命令搜索框查找【打开工作簿】，文件路径为"g_manageInfoPath&'"结果\'"&'"管理费用明细表.xlsx'""，输出为"objExcelRet"，如图 3.33 所示。

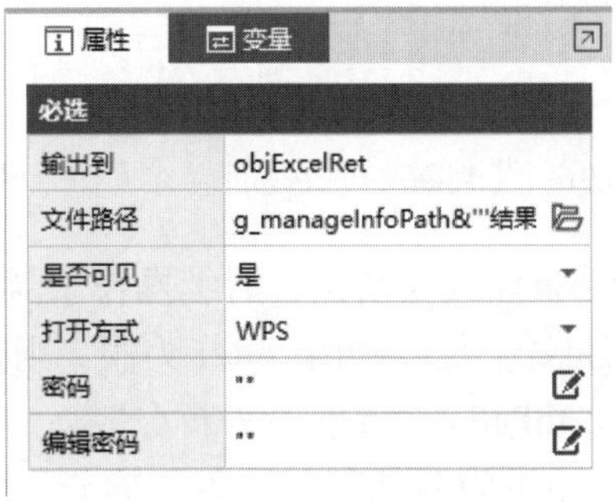

必选	
输出到	objExcelRet
文件路径	g_manageInfoPath&'"结果
是否可见	是
打开方式	WPS
密码	""
编辑密码	""

图 3.33　【打开工作簿】命令属性

在命令搜索框查找【写入单元格】，工作簿对象为"objExcelRet"，工作表为"0"，即第一张工作表，单元格为"strPos"，数据为"amount"，立即保存选择"是"，如图 3.34 所示。

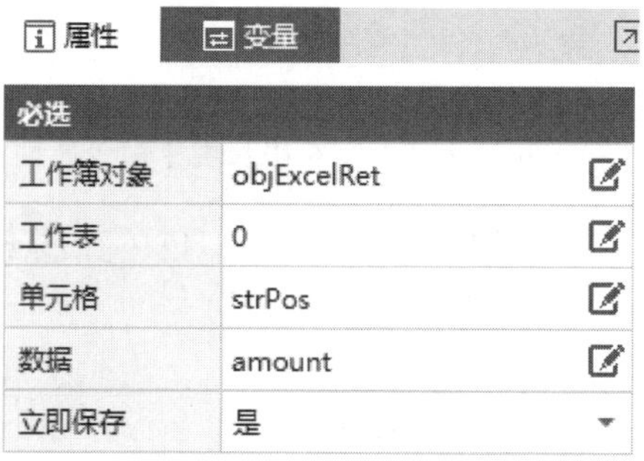

必选	
工作簿对象	objExcelRet
工作表	0
单元格	strPos
数据	amount
立即保存	是

图 3.34　【写入单元格】命令属性

（5）创建"拆分"文件夹。若该"拆分"文件夹已存在，则无须创建；反之需创建"拆分"文件夹，如图 3.35 所示。

图 3.35　创建"拆分"文件夹

在命令搜索框查找【判断文件夹是否存在】，判断路径为"g_manageInfoPath&'"结果'"&'"\拆分'""，输出到"bRet"，若文件夹存在，bRet 为真，否则为假，如图 3.36 所示。

必选	
输出到	bRet
路径	g_manageInfoPath&'"结果

图 3.36　【判断文件夹是否存在】命令属性

在命令搜索框查找【如果条件成立则执行后续操作】，判断表达式为"bRet=false"。

在命令搜索框查找【创建文件夹】，如果 bRet 为假，则执行创建文件夹命令，否则不创建，路径为"g_manageInfoPath&'"结果'"&'"\拆分'""。

（6）"管理费用明细表"副本为多部门汇总表，拆分为各个部门表，即每个部门单独一张表。

以财务部为例，先将"管理费用明细表"副本复制到拆分文件夹下，将文件重命名为"管理费用明细表_财务部"，然后删除财务部之外的其他部门的数据，最后保存报表，如图 3.37 所示。

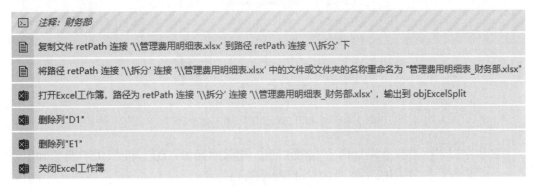

图 3.37　"管理费用明细表_财务部"报表处理

在搜索命令框查找【复制文件】，路径为"g_manageInfoPath&'"\管理费用明细表.xlsx'"，复制到的路径为"g_manageInfoPath&'"结果'&'"\拆分'"，如图 3.38 所示。

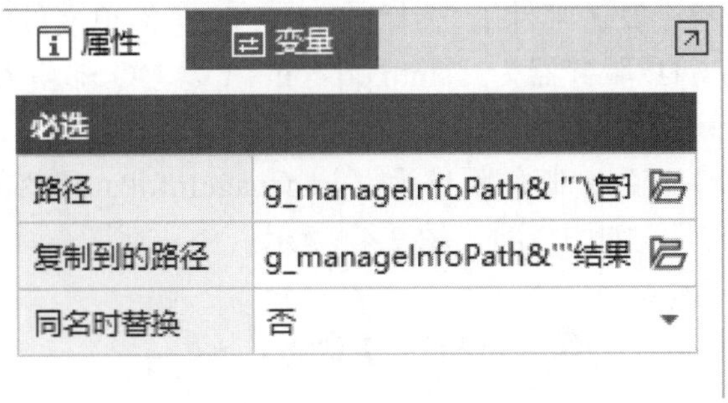

图 3.38　【复制文件】命令属性

在搜索命令框查找【重命名】，路径为"g_manageInfoPath&'"结果'&'"\拆分'&'"\管理费用明细表.xlsx'"，名称重命名为"管理费用明细表_财务部.xlsx"，如图 3.39 所示。

图 3.39　【重命名】命令属性

在命令搜索框查找【打开 Excel 工作簿】，路径为"g_manageInfoPath&'"结果'&'"\拆分'&'"\管理费用明细表_财务部.xlsx'"，输出到"objExcelSplit"，如图 3.40 所示。

图 3.40　【打开 Excel 工作簿】命令属性

　　在命令搜索框查找并添加两个【删除列】，删除的列为"D1"和"E1"。再添加【关闭 Excel 工作簿】，关闭的工作簿为"objExcelSplit"。

　　（7）将各个部门的"管理费用明细表"通过邮件方式，依次发送给对应部门的负责人。

　　RPA 机器人可以自动连接电子邮箱，将邮件标题、邮件正文、收件人、抄送人、附件设置好后，即可将上一步汇总的费用明细数据以邮件附件的方式发送给相关业务人员。

　　在命令搜索框查找【发送邮件】，选择 SMTP/POP（简单文件传输协议/邮局协议）下的【发送邮件】，SMTP 服务器为"smtp.qq.com"（以 QQ 邮箱为例），服务器端口为"465"，SSL（安全套接字层）加密选择"是"，登录账号为 QQ 邮箱账号，登录密码为邮箱授权码，非 QQ 密码，邮件附件为"g_manageInfoPath&'"结果'"&'"\拆分\管理费用明细表_财务部.xlsx'""。如图 3.41、图 3.42 所示。

⊠ 连接指定 SMTP 服务器发送邮件

图 3.41　发送邮件到财务部

属性	变量	
必选		
SMTP服务器	"smtp.qq.com"	
服务器端口	465	
SSL加密	是	
登录账号	"▮▮▮▮@qq.com"	
登录密码	"▮▮▮▮▮"	
发件人	"▮▮▮▮@qq.com"	
收件人	"▮▮▮▮@qq.com"	
抄送	"▮▮▮▮@qq.com"	
邮件标题	"管理费用明细表_财务部"	
邮件正文	"财务行政部: \n 请查收管理	
邮件附件	g_manageInfoPath&'"结果	

图 3.42　【发送邮件】命令属性（1）

3.2.2　是否异常

若"汇总管理费用明细表"流程异常，则进入"是否异常"判断块，若为异常则进入"重试次数"流程，若"汇总管理费用明细表"流程正常，则结束所有流程，如图 3.43 所示。

ⓘ 基本信息	
描述	是否异常
条件表达式	g_erroccr = True

图 3.43　"是否异常"判断属性

3.2.3　重试次数

前面的"是否异常"判断块，如果判断为出现异常错误，则会执行重试次数流程块的功能。其作用是设置流程运行次数，当流程运行到这里会自动累加 1，用于后面判断流程是否重试的条件，如图 3.44 所示。

⇦ g_retryCnt 的值为 g_retryCnt + 1

图 3.44　累加流程

3.2.4　重试次数超过

"重试次数超过"判断流程块通常是流程图设计中必不可少的一环，作用是判断整个流程是否可以重新尝试运行，如果"汇总管理费用明细表"子流程可以正常运行，会根据箭头的指向运行到流程结束。如果有异常错误出现，在计算完重试次数后，会在这里判断当前运行次数是否小于最大尝试次数，如果满足条件，流程会重新尝试执行一次；否则，流程不能再次重试，运行结束（一般会把运行次数初始值设为 0，在重试次数流程块对运行次数累加 1，如果流程需要重试，那么第二次运行时，运行次数就变成了 2，最大运行次数可根据实际业务场景设置，一般是 3 次，在重试的次数小于最大运行次数时，才会触发流程重试运行），如图 3.45 所示。

ⓘ 基本信息	
描述	重试次数超过
条件表达式	g_retryCnt>3

图 3.45　"重试次数超过"
判断属性（1）

3.3　RPA 提取构建财务数据表

在 3.2 节的案例中，我们使用了子程序来设计整个流程，在实际的项目中，每位工程师可能有不同的思路。正所谓"不管黑猫白猫，抓到老鼠就是好猫"，不管是否使用子程序，只要流程设计清晰合理，且能正确稳定地运行就可以采纳。

提取构建财务数据表流程的实现与 3.2 节类似，同样需要登录财务系统并获取指定数据，再对数据进行筛选、对比、合并、排序等操作，最终生成用户需要的财务表格。

图 3.46 为【提取构建财务数据表】流程设计图，该流程并没有使用子程序结构，而是直接在主流程中完成整个业务的处理工作。

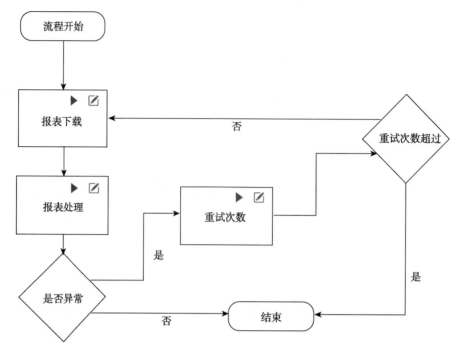

图 3.46 【提取构建财务数据表】流程设计图

3.3.1 报表下载

"报表下载"流程的主要功能是在内部的财务系统中进行鼠标和键盘的操作。

（1）定位并单击财务系统中的"余额表"功能模块。

添加一个【移动到目标上】和两个【点击目标】，选择需要的界面元素。

（2）通过输入应收账款科目编码"1122"，定位选择科目"应收账款"，如图 3.47 所示。

图 3.47 科目搜索

依照图 3.47 所示，添加一个【移动到目标上】、三个【点击目标】、两个【在目标中输入】和两个【模拟按键】。

（3）创建结果文件夹。若该结果文件夹已存在，则无须创建，反之需创建结果文件夹，结果文件夹放置在当前流程的工作文件夹，就是工程所在文件夹。

添加【变量赋值】，令“路径”为“$Flow.WorkPath”（当前流程的工作路径）。

添加【判断文件夹是否存在】，判断路径为“路径&"'结果'"”，即当前流程文件夹下的结果文件夹，输出为“bRet”。

添加【如果条件成立则执行后续操作】，判断条件为“bRet=false”，即文件夹不存在。

添加【创建文件夹】，路径为“路径&"'结果'"”，如果文件夹不存在，则执行创建文件夹，否则不执行。

（4）将下载好的报表存储至结果文件夹。在财务系统中将“余额表”报表下载到结果文件夹。

添加【点击目标】，为了增加容错率，可以添加【延时】，设定延时 2 000 毫秒，作为单击界面中的“下载”之后界面的显示时间。

添加【获取元素文本】，抓取界面中文件的名字，输出到“文件名”。

添加【变量赋值】，令”g_manageInfoPath”的值为“路径连接'结果\'连接文件名”。

添加【在目标中输入】，写入的文本为“g_manageInfoPath”。

添加【点击目标】，单击界面中的保存按钮，如图 3.48 所示，下载的科目余额表如图 3.49 所示。

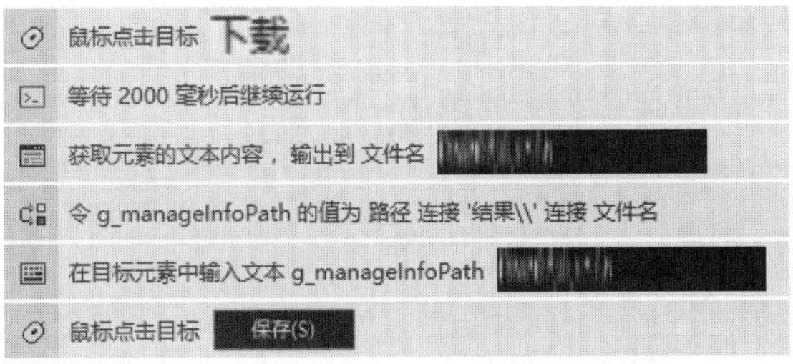

图 3.48　下载文件

科目余额表							
编制单位：厦门链友融科技有限公司		2022年01月					单位：元
科目编码	科目名称	期初余额		本期发生额		期末余额	
		借方	贷方	借方	贷方	借方	贷方
1122	应收账款			388,888.00	145,000.00	243,888.00	
1122.000001	应收账款.厦门AA有限公司			10,000.00		10,000.00	
1122.000002	应收账款.上海BB光电股份有限公司			30,000.00		30,000.00	
1122.000003	应收账款.厦门CC律师事务所			110,000.00	80,000.00	30,000.00	
1122.000007	应收账款.厦门GG企业服务有限公司			60,000.00		60,000.00	
1122.000008	应收账款.厦门HH电子科技有限公司			50,000.00		50,000.00	
1122.000004	应收账款.北京DD科技有限公司			80,000.00	60,000.00	20,000.00	
1122.000005	应收账款.南平EE有限公司			5,000.00		5,000.00	
1122.000006	应收账款.深圳FF有限公司			8,888.00	5,000.00	3,888.00	
1122.000009	应收账款.广州KK科技有限公司			35,000.00		35,000.00	
	资产小计			388,888.00	145,000.00	243,888.00	
	合计			388,888.00	145,000.00	243,888.00	

图 3.49　下载的科目余额表

3.3.2 报表处理

“报表处理”流程的主要功能是对下载的表格进行数据加工、保存并发送邮件。

（1）关闭已打开的 WPS Office 软件，使 WPS Office 软件处于启动前状态，以便后续机器人执行过程中 WPS Office 软件能够正常使用。

（2）复制一份“客户月度应收结算表”副本到结果文件夹，“客户月度应收结算表”正表继续保留，如图 3.50、图 3.51 所示。

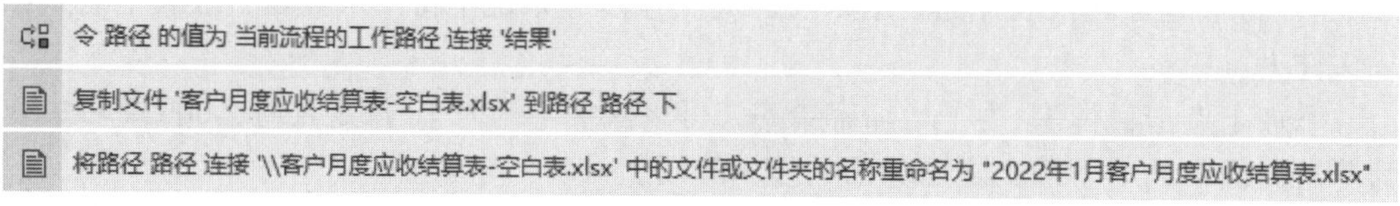

图 3.50　复制文件

	A	B	C	D	E	F	G
1	客户月度应收结算表						
2	客户编码	客户名称	期初金额	本月应收	本月回款	期末余额	备注
3							
4							
5							
6							
7							
8							
9							
10							
11							
12							
13							
14		合计	0.00	0.00	0.00	0.00	

图 3.51　客户月度应收结算表

添加【变量赋值】，令“路径”为“$Flow.WorkPath&"'结果'"”，即当前流程的工作路径文件夹下的结果文件夹。

添加【复制文件】，路径为“@res"'客户月度应收结算表-空白表.xlsx'"”，复制到的路径为“路径”。

添加【重命名】，路径为“路径&"'\客户月度应收结算表-空白表.xlsx'"”，名称重命名为“2022 年 1 月客户月度应收结算表.xlsx”。

（3）通过条件判断找到所需要处理的数据内容，并将找到的数据内容进行处理。

读取“余额表”报表，从第 6 行开始抓取数据。

从“科目名称”列中提取“客户名称”，用于填写至“客户月度应收结算表”中的“客户名称”列，如图 3.52 所示。

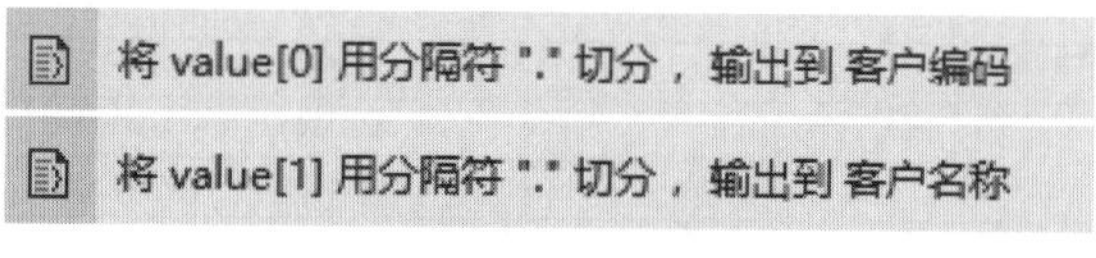

图 3.52　分割客户编码和客户名称

添加【分割字符串】，目标字符串为 "value[0]"，分隔符为 "."，输出为 "客户编码"，转换到源代码界面，在该命令行代码后添加 "[1]"。同理可输出客户名称，如图 3.53 所示。

```
客户编码 = split(value[0],".")[1]
客户名称 = split(value[1],".")[1]
```

图 3.53　【分割字符串】源码

从 "期初余额" 列提取 "借方" 减去 "贷方" 后的金额，用于填写至 "客户月度应收结算表" 中的 "期初金额" 列，如图 3.54 所示。

令 期初金额 的值为 将 将 value[2] 中的 "," 替换为 "" 转换为数值类型 - 将 将 value[3] 中的 "," 替换为 "" 转换为数值类型

图 3.54　获取期初金额

添加【变量赋值】，转换到源码界面，先将 "value[2]" 即借方金额中的逗号去掉，这里采用替换的方式，将逗号替换为空值，再将 "value[2]" 转换为数值类型，同理对 "value[3]" 即贷方金额做同样操作，之后作差，输出为 "期初金额"，如图 3.55 所示。

```
期初金额 = CNumber(replace(value[2],",","")) - CNumber(replace(value[3],",",""))
```

图 3.55　获取期初金额源码

从 "本期发生额" 列提取 "借方" "贷方" 的金额，用于填写至 "客户月度应收结算表" 中的 "本月应收" "本月回款" 列，如图 3.56 所示。

将 value[4] 中的 "," 替换为 ""，输出到 本月应收

将 value[5] 中的 "," 替换为 ""，输出到 本月回款

图 3.56　提取本月应收和本月回款

添加两个【替换字符串】，将 "value[4]" 和 "value[5]" 中的逗号去掉即可。

从 "期末余额" 列提取 "借方" 减去 "贷方" 后的金额，用于填写至 "客户月度应收结算表" 中的 "期末余额" 列，如图 3.57 所示。

令 期末余额 的值为 将 将 value[6] 中的 "," 替换为 "" 转换为数值类型 - 将 将 value[7] 中的 "," 替换为 "" 转换为数值类型

图 3.57　提取期末余额

添加【变量赋值】，转换到源码界面，先将 "value[6]" 即借方金额中的逗号去掉，这里采用替换的方式，将逗号替换为空值，再将 "value[6]" 转换为数值类型，同理对 "value[7]" 即贷方金额做同样操作，之后作差，输出为 "期末余额"，如图 3.58 所示。

```
期末余额 = CNumber(replace(value[6],",","")) - CNumber(replace(value[7],",",""))
```

图 3.58　提取期末余额源码

（4）打开"客户月度应收结算表"副本进行填写，并将"客户名称""期初金额""本月应收""本月回款""期末余额"写入相应的单元格。当"期末余额"大于或等于5 万，则备注"重点跟进"。表格处理完毕后，单击保存并关闭。

添加【变量赋值】，令"备注"的值为""，即创建一个空的变量。

添加【if】，判断表达式为"期末余额≥50 000"，若条件成立则令"备注"的值为"重点跟进"，如图 3.59 所示。

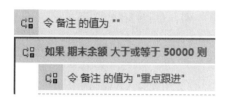

图 3.59　添加备注

添加【写入区域】，写入的数据为"arrData"，开始的单元格为"A3"，如图 3.60、图 3.61 所示。

图 3.60　写入数据

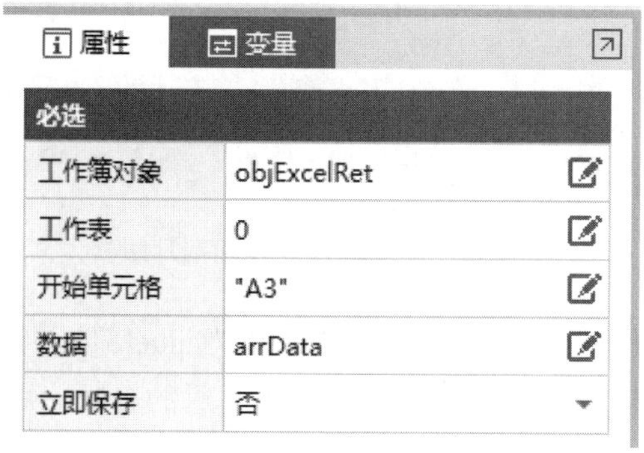

必选		
工作簿对象	objExcelRet	
工作表	0	
开始单元格	"A3"	
数据	arrData	
立即保存	否	

图 3.61　【写入区域】命令属性

（5）将已填写好的"客户月度应收结算表"通过邮件方式，发送给对应部门的负责人。

RPA 机器人可以自动连接电子邮箱，将邮件标题、邮件正文、收件人、抄送人、附件设置好后，即可将上一步汇总的费用明细数据以邮件附件的方式发送给相关业务人员。

在命令搜索框查找【发送邮件】，选择 SMTP/POP 下的【发送邮件】，SMTP 服务器为"smtp.qq.com"（以 QQ 邮箱为例），服务器端口为"465"，SSL 加密选择"是"，登录账号为 QQ 邮箱账号，登录密码为邮箱授权码，非 QQ 密码，邮件附件为

"$Flow.WorkPath&'"结果'" & '"\2022 年 1 月客户月度应收结算表.xlsx'""。如图 3.62 所示。

图 3.62　【发送邮件】命令属性（2）

3.3.3　是否异常

在财务系统中，这些操作都可以通过键盘鼠标命令来完成。另外还要做好异常监控，如单击下载时系统报错导致流程无法继续，此时应该将 g_erroccr 设置为 true，同时通过"跳出返回"命令退出该流程块，进入"重试次数"流程块。

3.3.4　重试次数

通过异常判断进入重试次数流程块，对 g_retryCnt 进行加 1 操作，之后进入重试次数判断，若重试次数不超过 3 次，则重试流程，否则结束流程。

3.3.5　重试次数超过

"重试次数超过"判断流程块通常是流程图设计中必不可少的一环，作用是判断整个流程是否可以重新尝试运行，如果"提取构建财务数据表"子流程可以正常运行，会根据箭头的指向运行到流程结束。如果有异常错误出现，在计算完重试次数后，会在这里判断当前运行次数是否小于最大尝试次数，如果满足条件，流程会重新尝试执行一次；否则，流程不能再次重试，运行结束（一般会把运行次数初始值设为 0，在重试次数流程块对运行次数累加 1，如果流程需要重试，那么第二次运行时，运行次数就变成了 2，最大运行次数可根据实际业务场景设置，一般是 3 次，在重试的次数小于最大运行次数时，才会触发流程重试运行）。

3.4   RPA 计算绩效考核表

计算绩效考核表是财务部门和人事部门定期必须做的工作，两个部门会按照既定的规则定期对员工的绩效考核数据做汇总统计。绩效考核数据一般存储在人力资源管理系统，由人事部门登录企业内部的人力资源管理系统后导出个人绩效系数、员工所在部门绩效系数以及员工工资表这 3 份数据，将数据同步给财务部门同事，由财务专员将 3 份数据进行关联合并，再根据员工绩效系数、部门绩效系数和员工工资基数计算出每位员工的绩效薪水。

这一流程使用 RPA 开发之后，大大缩减了人工操作的时间，也可以将两个部门的数据操作过程打通，RPA 机器人可以获取人事部门的账号权限（以凭据类型存储用户名和密码，保证数据安全性）自动登录到人力资源管理系统，将数据导出完成后，可自动对数据按照既定规则和字段要求整理汇总，保存到指定文件夹。计算绩效考核表流程如图 3.63 所示。

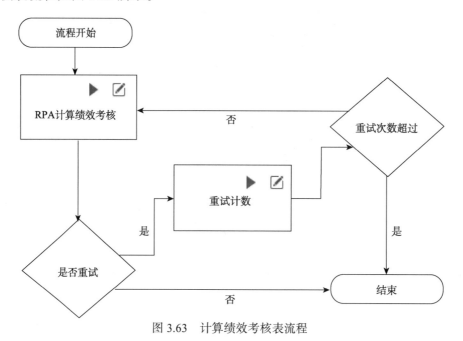

图 3.63   计算绩效考核表流程

3.4.1   初始化流程

在实现计算绩效考核表流程时，涉及操作企业内部的人力资源管理系统，需要使用浏览器，连接外网，并使用 Excel 对数据表进行整合和汇总，所以在流程开始前，需要对浏览器和 Excel 这两个应用程序进行验证，通过打开浏览器、关闭浏览器和打开 Excel 工作簿、关闭 Excel 工作簿等这些操作来确定。如果前面这几步操作任何一处有异常，都会影响后面流程的执行，系统会根据箭头指向重试流程块内容。

（1）验证浏览器是否可以正常打开、是否可以访问外网，如图 3.64 所示。

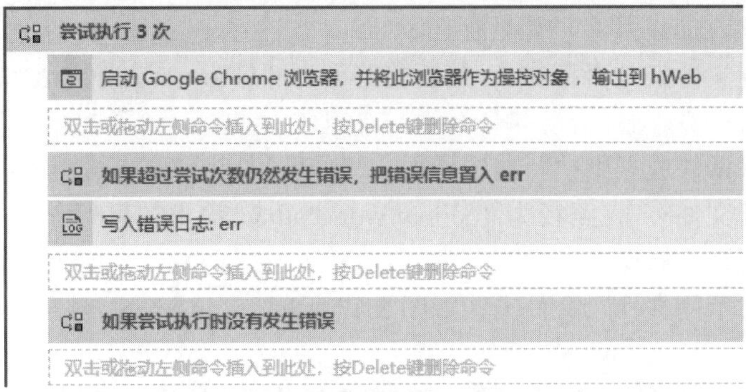

图 3.64　验证浏览器

添加【try catch】命令，如图 3.65 所示。

图 3.65　【try catch】命令

添加【启动新的浏览器】，浏览器类型设置为谷歌浏览器，打开链接为"http：
//jc6.lyrfp.com：9981/jc6/platform/sys/login!intro.action"，如图 3.66 所示。

图 3.66　【启动新的浏览器】命令属性

添加【写入错误日志】，输出的信息为"err"，如果启动浏览器发生错误，则执行写入错误日志，否则不执行操作。

（2）验证文件夹以及文件是否存在。

添加【判断文件夹是否存在】，判断的路径为"$Flow.WorkPath&"'输出结果'""，输出为 bRet。

添加【如果条件成立则执行后续操作】，判断条件为"bRet=false"。

添加【创建文件夹】，路径为"$Flow.WorkPath&"'输出结果'""，若文件夹不存在则创建文件夹，否则不做操作。

同理判断"示例文件"文件夹，如图 3.67 所示。

图 3.67　验证文件夹

（3）验证 Excel 是否可以正常打开、是否可以正常读取数据，如图 3.68 所示。

图 3.68　验证 Excel

添加【try catch】，添加【打开 Excel 工作簿】，文件路径为"@res"员工绩效考核表（空白模板）.xlsx""（此处路径可设置其他 Excel），输出为"objExcelWorkBook1"，如图 3.69、图 3.70 所示。

图 3.69　【打开 Excel 工作簿】命令属性

	A	B	C	D	E	F	G	H
1	部门	岗位	姓名	基本情况	本月绩效系数			本月绩效工资
2				绩效工资基数	部门绩效系数	个人绩效系数	最终绩效系数	
3								
4								
5								
6								
7								
8								
9								
10								
11								

图 3.70　员工绩效考核表（空白模板）

添加【读取区域】，工作簿对象为"objExcelWorkBook1"，工作表为"Sheet1"，区域为"A1:B2"，输出为"arrayRet"，如图 3.71 所示。

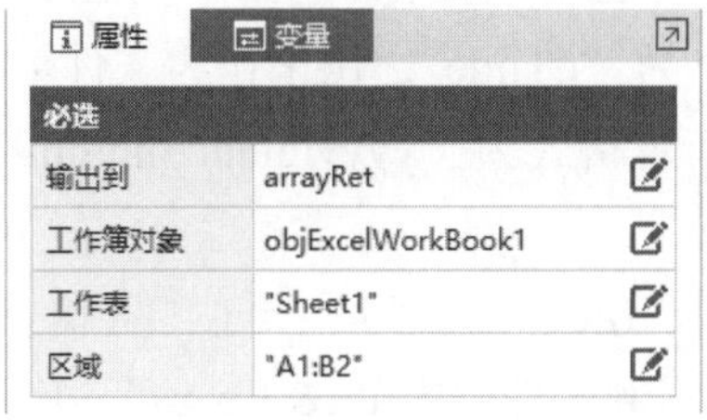

图 3.71　【读取区域】命令属性

（4）验证人力资源管理系统是否可以登录。

在登录的人力资源管理系统中填写"用户名"和"密码"，单击登录按钮。

添加【try catch】，添加两个【在目标中输入】和一个【点击目标】，进行系统的登录，如果超过尝试次数仍发生错误，把错误信息置入"err"，添加【写入错误日志】，输出的信息为"err"，如图 3.72 所示。

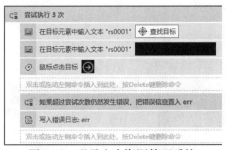

图 3.72　登录人力资源管理系统

3.4.2 RPA 计算绩效考核

登录人力资源管理系统后，需在系统中分别导出"员工工资""部门绩效"和"个人绩效"三份数据到指定文件夹下。

1. 导出员工工资表

在人力资源管理系统中将员工工资表导出，这步操作其实是下载文件的过程，只需要单击系统页面的元素，就可以把数据导出为 Excel 文件。

添加【等待元素】，选择显示较慢的界面元素，待界面元素显示完全，进行下一步操作。

添加两个【点击目标】，分别单击"人力资源管理"和"员工工资信息"，如图 3.73 所示。

图 3.73 进入员工工资表页面

添加两个【点击目标】，单击导出图标，选中"导出到 Excel 文件"。

添加【获取时间】，输出为"dTime"，用来作为文件名。

添加【格式化时间】，指定格式为"yyyymmdd_hhmmss"，时间为"dTime"，输出为"sRet"。

添加两个【变量赋值】，令"file1"的值为""员工工资信息表_"&sRet"，令"file_path1"的值为"$Flow.WorkPath&'"示例文件\\"&file1&".xlsx""。

添加【在目标中输入】，选中另存为的输入框，输入的文本为"file_path1"。

添加【点击目标】，单击界面中的保存按钮，如图 3.74、图 3.75 所示。

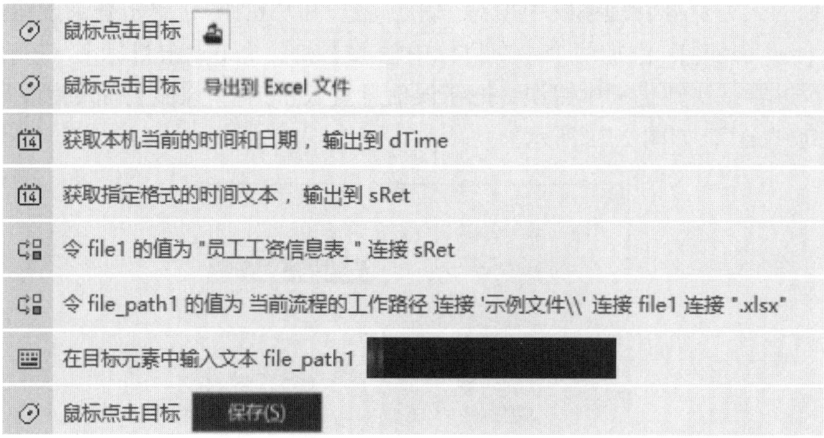

⊙ 鼠标点击目标	📇
⊙ 鼠标点击目标	导出到 Excel 文件
📅	获取本机当前的时间和日期，输出到 dTime
📅	获取指定格式的时间文本，输出到 sRet
⊡	令 file1 的值为 "员工工资信息表_" 连接 sRet
⊡	令 file_path1 的值为 当前流程的工作路径 连接 '示例文件\\' 连接 file1 连接 ".xlsx"
⊞	在目标元素中输入文本 file_path1
⊙ 鼠标点击目标	保存(S)

图 3.74 导出员工工资表

图 3.75　【格式化时间】命令属性

为了知道文件是否已经下载完成，可以做一个循环判断。

添加【判断文件是否存在】，判断路径为"file_path1"，输出为"bRet"。

添加【当满足条件时循环执行操作】，判断条件为"bRet=false"，当文件不存在时，进入循环，在循环内部判断文件是否存在，不存在则继续判断文件，存在则退出循环，如图 3.76、图 3.77 所示。

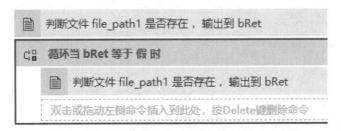

图 3.76　循环判断文件是否存在

A	B	C	D	E	F	G	H
序号	部门	岗位	姓名	基本工资	岗位工资	绩效工资	工资小计
1	总经办	总经理	张三	15000	10000	10000	35000
2	人事行政部	经理	李四	10000	3000	2000	15000
3	人事行政部	专员	王五	3000	2000	1000	6000
4	财务部	经理	赵六	10000	3000	2000	15000
5	销售部	经理	孙七	10000	3000	6000	19000
6	销售部	专员	周八	3000	2000	3000	8000
7	技术部	经理	吴九	10000	3000	2000	15000
8	技术部	专员	郑十	5000	3000	2000	10000

图 3.77　员工工资表

2. 导出部门绩效系数

同导出员工工资表操作步骤类似，导出的部门绩效系数数据是 Excel 文件。

添加两个【点击目标】，一个【等待元素】，进入部门绩效模块，如图 3.78 所示。

图 3.78　进入部门绩效模块

添加【输入对话框】，消息内容为""请输入执行年月，例如"2022-06"""，将输入的内容记录并输出到"year_month"。

添加【在目标中输入】，输入的文本为"year_month"。

添加【点击目标】，选中"搜索"按钮。

添加【模拟按键】，选择"Enter"键。

添加两个【点击目标】，做导出文件操作。

添加【获取时间】，获取当前时间，输出到"dTime"。

添加【格式化时间】，格式为"yyyymmdd_hhmmss"，时间为"dTime"，输出为"sRet"。

添加两个【变量赋值】，令"file2"的值为"year_month&"部门绩效表""，令"file_path2"的值为 "$Flow.WorkPath&"示例文件\"&file2&".xlsx""。

添加【在目标中输入】，输入的文本为"file_path2"。

添加【点击目标】，单击保存按钮，如图 3.79 所示。

🖳	弹出输入消息框并记录输入内容，输出到 year_month
⊞	在目标元素中输入文本 year_month
⊘	鼠标点击目标　搜索
⊞	键盘 Enter 键 执行 单击
⊘	鼠标点击目标
⊘	鼠标点击目标　导出到 Excel 文件
🗓	获取本机当前的时间和日期，输出到 dTime
🗓	获取指定格式的时间文本，输出到 sRet
⊏⊟	令 file2 的值为 year_month 连接 "部门绩效表"
⊏⊟	令 file_path2 的值为 当前流程的工作路径 连接 '示例文件\\' 连接 file2 连接 ".xlsx"
⊞	在目标元素中输入文本 file_path2
⊘	鼠标点击目标　保存(S)

图 3.79　导出部门绩效表

同导出员工工资表类似，做文件循环判断。如图 3.80、图 3.81 所示。

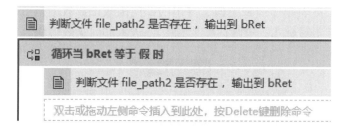

图 3.80　文件循环判断

A	B	C	D	E	F
序号	月份	部门	绩效得分	绩效等级	绩效系数
1	Jun-22	总经办	100	优秀	1.2
2	Jun-22	人事行政部	90	良好	1
3	Jun-22	财务部	80	合格	0.8
4	Jun-22	销售部	70	基本合格	0.6
5	Jun-22	技术部	65	基本合格	0.6

图 3.81　部门绩效表

3. 导出个人绩效系数

同导出部门绩效系数操作步骤类似，导出的个人绩效系数数据是 Excel 文件，如图 3.82、图 3.83 所示。

鼠标点击目标 人力资源管理
等待元素显示/消失后进行下一步操作 查找目标
鼠标点击目标 个人绩效

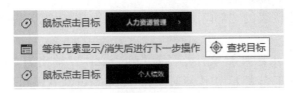

图 3.82　进入个人绩效模块

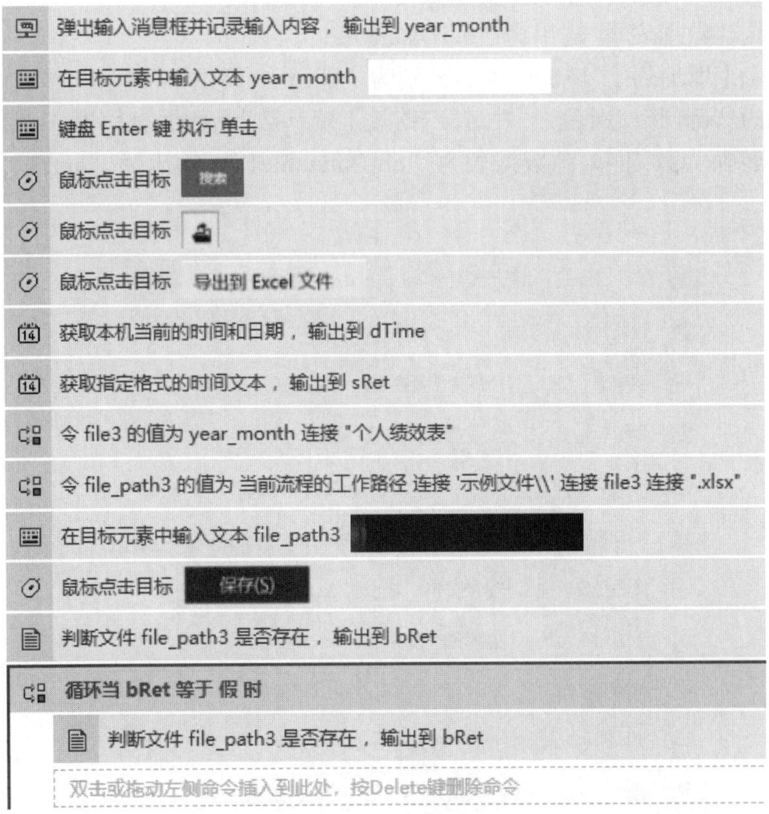
弹出输入消息框并记录输入内容，输出到 year_month
在目标元素中输入文本 year_month
键盘 Enter 键 执行 单击
鼠标点击目标 搜索
鼠标点击目标
鼠标点击目标 导出到 Excel 文件
获取本机当前的时间和日期，输出到 dTime
获取指定格式的时间文本，输出到 sRet
令 file3 的值为 year_month 连接 "个人绩效表"
令 file_path3 的值为 当前流程的工作路径 连接 '示例文件\\' 连接 file3 连接 ".xlsx"
在目标元素中输入文本 file_path3
鼠标点击目标 保存(S)
判断文件 file_path3 是否存在，输出到 bRet
循环当 bRet 等于 假 时
判断文件 file_path3 是否存在，输出到 bRet
双击或拖动左侧命令插入到此处，按Delete键删除命令

图 3.83　导出个人绩效表

其操作同导出部门绩效系数，如图 3.84 所示。

	A	B	C	D	E	F	G	H
	序号	月份	部门	岗位	姓名	绩效得分	绩效等级	绩效系数
	1	Jun-22	总经办	总经理	张三	100	优秀	1.2
	2	Jun-22	人事行政部	经理	李四	95	良好	1
	3	Jun-22	人事行政部	专员	王五	90	良好	1
	4	Jun-22	财务部	经理	赵六	85	良好	1
	5	Jun-22	销售部	经理	孙七	80	合格	0.8
	6	Jun-22	销售部	专员	周八	75	合格	0.8
	7	Jun-22	技术部	经理	吴九	70	合格	0.8
	8	Jun-22	技术部	专员	郑十	65	基本合格	0.6

图 3.84　个人绩效表

4. 绩效考核数据汇总

根据既定规则，将员工工资与个人绩效和所在部门绩效进行汇总计算，将计算后的结果字段汇总成新的 Excel 数据报表。

（1）读取员工工资表的"部门""岗位""姓名""绩效工资基数"四栏，并将读取后数据构建数据表。

添加【打开 Exce 工作簿】，文件路径为"file_path1"，输出为"objExcelWorkBook"。

添加【获取当前工作表】，工作簿对象为"objExcelWorkBook"，输出为"file1"。

添加 4 个【读取列】，分别读取"B2""C2""D2""G2"所在列的值，输出分别为"部门""岗位""姓名""绩效工资基数"。

添加【构建数据表】，输出为"objDatatable1"。

添加 4 个【增加列】，增加的列名分别为"部门""岗位""姓名""绩效工资基数"，填充值分别为"部门""岗位""姓名""绩效工资基数"，数据表均为"objDatatable1"。

添加【转换为数组】，源数据表为"objDatatable1"，输出为"arry1"，如图 3.85 所示。

打开Excel工作簿，路径为 file_path1，输出到 objExcelWorkBook
返回当前的工作表，输出到 file1
读取单元格"B2"开始的所在列的值，输出到 部门
读取单元格"C2"开始的所在列的值，输出到 岗位
读取单元格"D2"开始的所在列的值，输出到 姓名
读取单元格"G2"开始的所在列的值，输出到 绩效工资基数
使用空数组构建一个数据表，输出到 objDatatable1
增加列名为"部门"的列到数据表objDatatable1
增加列名为"岗位"的列到数据表objDatatable1
增加列名为"姓名"的列到数据表objDatatable1
增加列名为"绩效工资基数"的列到数据表objDatatable1
将数据表objDatatable1转换为数组，输出到 arry1

图 3.85　读取员工工资数据并构建数据表

（2）读取部门绩效表"部门""部门绩效系数"两栏，并将读取后数据构建数据表。

添加【打开 Exce 工作簿】，文件路径为"file_path2"，输出为"objExcelWorkBook"。

添加【获取当前工作表】，工作簿对象为"objExcelWorkBook"，输出为"file2"。

添加两个【读取列】，分别读取"C2""F2"所在列的值，输出分别为"部门 2""部门绩效系数"。

添加【变量赋值】，令"部门绩效系数 2"为"[]"即空数组。

添加【for each】，遍历的值为"value"，遍历的数组为"部门绩效系数"。如图 3.86、图 3.87 所示。

图 3.86　读取部门绩效数据并构建数据表

图 3.87　【for each】命令属性

添加【取四舍五入值】，目标数据为"value"，输出为"value"，保留小数位为 1，如图 3.88 所示。

图 3.88 【取四舍五入值】命令属性

添加【在数组尾部添加元素】，目标数组为"部门绩效系数 2"，添加元素为"value"，输出为"部门绩效系数 2"，如图 3.89 所示。

图 3.89 【在数组尾部添加元素】命令属性

添加【构建数据表】，输出为"objDatatable2"。

添加两个【增加列】，增加的列名分别为"部门""部门绩效系数"，填充值分别为"部门 2"，"部门绩效系数 2"，数据表均为"objDatatable2"。

添加【转换为数组】，源数据表为"objDatatable2"，输出为"arry2"。

（3）读取个人绩效表"姓名""个人绩效系数"两栏，并将读取后数据构建数据表。其操作同"读取部门绩效表"，如图 3.90 所示。

图 3.90 读取个人绩效数据并构建数据表

（4）处理部门绩效系数，将部门绩效与员工工资信息做匹配。

添加【变量赋值】，令"部门绩效系数数组"的值为"[]"，即创建一个空数组。

添加两个【for each】，遍历的数组分别为"arry1"和"arry2"。

添加【如果条件成立则执行后续操作】，判断的表达式为"value[0] = value2[0]"即部门相等。

添加【在数组尾部添加元素】，目标数组为"部门绩效系数数组"，添加元素为"value2[1]"即部门绩效系数，输出为"部门绩效系数数组"，如图 3.91 所示。

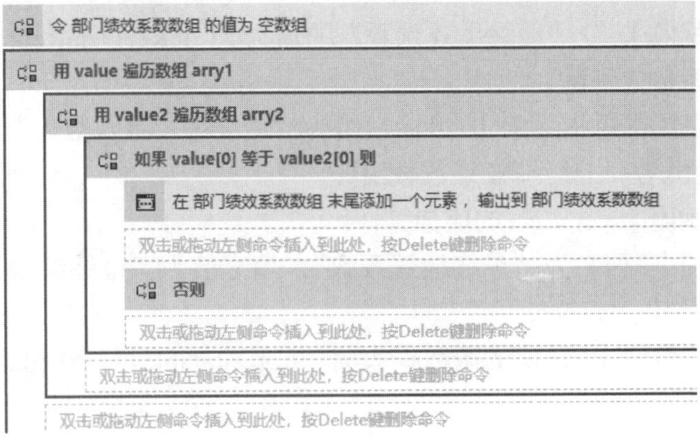

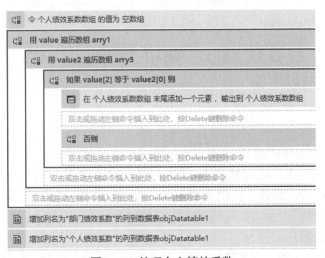

图 3.91　处理部门绩效系数

（5）处理个人绩效系数，将个人绩效与员工工资信息做匹配。

添加【变量赋值】，令"个人绩效系数数组"的值为"[]"。

添加两个【for each】，遍历数组分别为"arry1"和"arry3"。

添加【如果条件成立则执行后续操作】，判断表达式为"value[2] = value2 [0]"即姓名相同。

添加【在数组尾部添加元素】，目标数组为"个人绩效系数数组"，添加元素为"value2[1]"即个人绩效系数，输出为"个人绩效系数数组"。

最后将部门绩效系数和个人绩效系数写入数据表，添加两个【增加列】，列名分别为"部门绩效系数"和"个人绩效系数"，填充值分别为"部门绩效系数数组"和"个人绩效系数数组"，数据表均为"objDatatable1"，如图 3.92 所示。

图 3.92　处理个人绩效系数

（6）计算最终绩效系数。通过部门绩效系数和个人绩效系数计算得到最终绩效系数。

添加两个【变量赋值】，令"最终绩效系数数组"的值为"[]"，令"i"的值为"0"。

添加【for each】，遍历的数组为"部门绩效系数数组"。

添加两个【转换为十进制数字】，转换对象分别为"value"和"个人绩效系数数组[i]"，输出分别为"deRet1"和"deRet2"。

添加【变量赋值】，令"最终绩效系数"的值为"（deRet1+deRet2）/2"即部门绩效系数与个人绩效系数之和除以 2。

添加【在数组尾部添加元素】，目标数组为"最终绩效系数数组"，添加元素为"最终绩效系数"，输出为"最终绩效系数数组"。

添加【变量赋值】，令"i"的值为"i+1"。

添加【增加列】，列名为"最终绩效系数"，填充值为"最终绩效系数数组"，数据表为"objDatatable1"。

添加【转换为数组】，转换的源数据表为"objDatatable1"，输出为"arrayRet"，如图 3.93 所示。

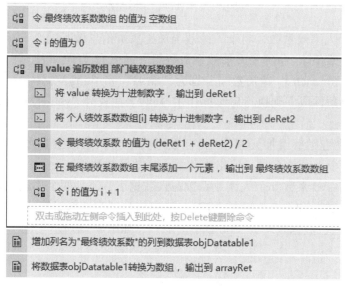

图 3.93　计算最终绩效系数

（7）计算本月绩效工资。通过绩效工资基数与最终绩效系数计算得到本月绩效工资。

添加【变量赋值】，令"本月绩效工资数组"的值为"[]"。

添加【for each】，遍历的数组为"arrayRet"。

添加两个【转换为十进制数字】，转换对象分别为"value[3]"和"value[6]"即绩效工资基数与最终绩效系数，输出分别为"deRet1"和"deRet2"。

添加【变量赋值】，令"本月绩效工资"的值为"deRet1*deRet2"即绩效工资基数和最终绩效系数的乘积。

添加【在数组尾部添加元素】，目标数组为"本月绩效工资数组"，添加的元素为"本月绩效工资", 输出为"本月绩效工资数组"。

添加【增加列】, 列名为"本月绩效工资", 填充值"本月绩效工资数组", 数据表为"objDatatable1"。

添加【转换为数组】, 源数据表为"objDatatable1", 输出为"arrayRet", 如图 3.94 所示。

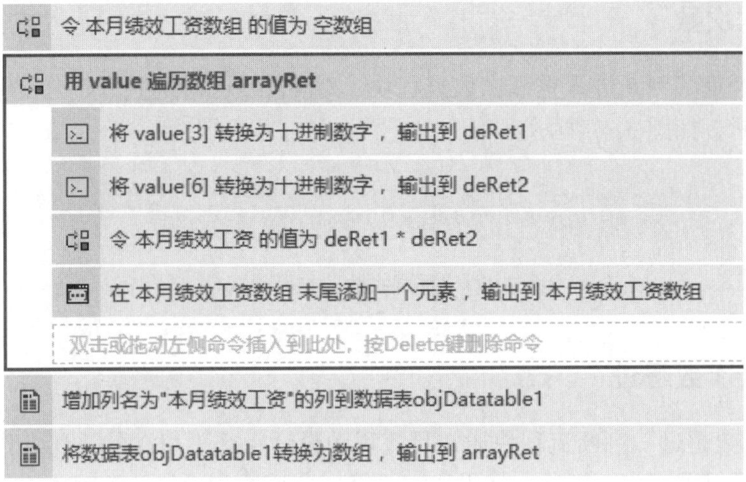

图 3.94　计算本月绩效工资

将数据表写入模板中, 并另存为新文件。

添加【打开 Excel 工作簿】, 文件路径为"@res"员工绩效考核表(空白模板).xlsx"", 输出为"objExcelWorkBook"。

添加【获取当前工作表】, 工作簿对象为"objExcelWorkBook", 输出为"objRet"。

添加【写入区域】, 工作簿对象为"objExcelWorkBook", 工作表为"objRet", 开始的单元格为"A3", 数据为"arrayRet"。

添加【另存 Excel 工作簿】, 工作簿对象为"objExcelWorkBook", 文件路径为"$Flow.WorkPath&'"输出结果\'"&year_month&"员工绩效考核表.xlsx"", 如图 3.95 所示。

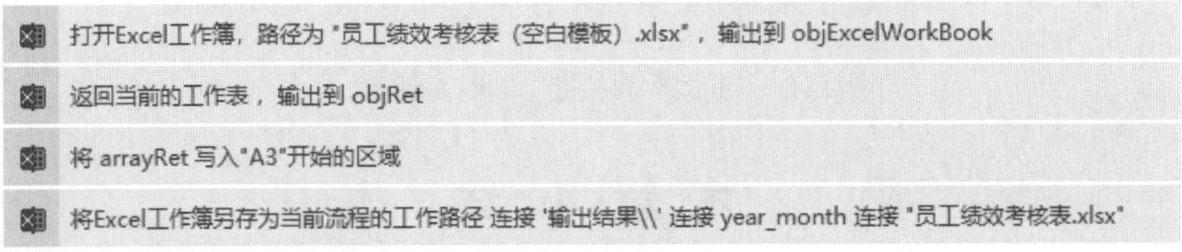

图 3.95　写入模板表

3.4.3　是否重试

这个判断流程块用来判断流程是否进行重试, 若系统报错导致流程无法继续, 此时应该将 g_retry 设置为 true, 同时通过"跳出返回"命令退出该流程块, 进入重试次数流程块, 如图 3.96 所示。

基本信息

描述	是否重试
条件表达式	g_retry = true

图 3.96 "是否重试"判断块属性

3.4.4 重试次数

通过是否重试判断进入重试次数流程块，对 g_retrytime 进行加 1 操作，之后进入重试次数判断，如图 3.97 所示。

⇔ g_retrytime 的值为 g_retrytime + 1

图 3.97 "重试次数"判断块属性

3.4.5 重试次数超过

"重试次数超过"判断流程块通常是流程图设计中必不可少的一环，作用是判断整个流程是否可以重新尝试运行，如果"汇总管理费用明细表"子流程可以正常运行，会根据箭头的指向运行到流程结束。如果有异常错误出现，在计算完重试次数后，会在这里判断当前运行次数是否小于最大尝试次数，如果满足条件，流程会重新尝试执行一次；否则，流程不能再次重试，运行结束（一般会把运行次数初始值设为 0，在重试次数流程块对运行次数进行累加 1，如果流程需要重试，那么第二次运行时，运行次数就变成了 2，最大运行次数可根据实际业务场景设置，一般是 3 次，在重试的次数小于最大运行次数时，才会触发流程重试运行），如图 3.98 所示。

基本信息

描述	重试次数超过
条件表达式	g_retrytime >3

图 3.98 "重试次数超过"判断属性（2）

本 章 小 结

本章我们专注于介绍 RPA 在财务领域中 Excel 的应用场景和具体实现方法。本章从 Excel 自动化操作开始，介绍了如何利用 RPA 技术实现对 Excel 的自动化处理。通过 RPA 的能力，我们可以实现对 Excel 表格的读取、写入、格式化等一系列操作，提高财务工作的效率和准确性。接下来，我们探讨了 RPA 在财务中的具体应用。首先是汇总管理费用明细表，通过 RPA 实现对多个费用明细表的自动汇总和管理，减少人工操作的重复性和错误，其次是提取构建财务数据表，利用 RPA 技术从不同的数据源中提取数据，并自动构建财务数据表，减少了手工操作的时间和风险；最后，我们介绍了 RPA 在计算绩效考核表方面的应用。通过 RPA 自动化执行绩效考核表的计算和数据处理，可以减少人工的繁琐工作，提高计算的准确性和效率。

即测即练

即测即试　　扫描此码

思政探索

　　RPA 机器人可以减少错误，提供审计跟踪数据，更好地满足复杂业务的合规控制要求，因此越来越多的 RPA 机器人被应用于合规性要求较高的金融或医疗组织，以提升组织的风险管理能力。然而，应用 RPA 财务机器人本身也可能产生风险，包括运行制度缺失、未遵从企业 IT 政策、违反合规监管要求、权责不清晰、变更管理流程缺失等。

　　请列举 RPA 本身需要遵循的监管或法规要求，包括但不限于公司内部网络安全政策、SOX（塞班斯）法案等。

第 4 章

RPA 在财务中的应用——电子邮件篇

【知识目标】

1. 识别 RPA 机器人操作电子邮件与传统人工操作的不同点
2. 记忆 RPA 机器人电子邮件自动化操作
3. 描述 RPA 机器人如何批量发送邮件
4. 描述 RPA 机器人如何批量读取邮件
5. 描述 RPA 机器人如何批量发送工资条

【技能目标】

1. 应用 UiBot 软件进行基于电子邮件的操作
2. 操作 UiBot 软件实现邮件的批量发送
3. 操作 UiBot 软件进行邮件的批量读取
4. 应用 UiBot 软件完成工资条的批量发送

【关键术语】

电子邮件自动化、企业智能化、UiBot、批量发送邮件、批量读取邮件、工资条、RPA 工具、RPA。

RPA 轻松实现邮件自动化操作，企业智能化管理成新趋势

在日常办公中，邮件是沟通必不可少的一环，而且非常基础和高频。但如何高效处理邮件，却是一门大学问。你真的会处理邮件吗？你每天花多少时间处理电子邮件？

不妨设想以下几个工作场景：给同事发工资单、报表文件，给客户发邀请函、对账单，给求职候选人发面试通知等。如果周期性地处理大量邮件，仅靠纯手工操作，不但十分耗时，而且容易漏发、错发，工作效率降低，徒增工作压力。我们需要在工作中将精力放在那些首要的任务上，而尽量减少处理电子邮件的时间和精力，让业务流程变得更加顺畅。随着自动化技术的发展，智能时代的办公方式也面临转型。那些日常办公中具有高重复性、规则明确的计算机操作，如大量的信息录入、数据合并、报表制作、统计汇总、邮件通知以及流程确认与审批等，如今都可交由 RPA 来处理。

RPA 是一种软件机器人，可以模拟人工操作鼠标与键盘，代替人工执行大量重复的

工作，能在实体电脑和虚拟环境中灵活实现，且不受制于底层 IT 基础设施。RPA 的出现，一定程度上重新定义了当前工作方式。

4.1　电子邮件自动化操作

我们在日常工作中，经常需要发送或接收邮件。让 RPA 流程来自动发送或接收邮件，是很常见的需求。实现邮件的自动发送和接收，通常有两种方法：一种是直接通过 SMTP/POP3/IMAP（简单邮件传输协议/邮局协议版本 3/邮件访问协议）等邮件协议来实现，一种是通过邮件客户端来实现。前者不需要在计算机上安装任何客户端软件即可完成，但配置较为烦琐。后者需要依赖邮件客户端软件，但相对比较简单。本章依次介绍这两种方法。

使用 UiBot 自动化操作 Outlook 客户端，可直接使用"发送邮件""获取邮件列表""回复邮件""下载附件"这些命令，与用户平时在 Outlook 客户端上操作邮件的习惯基本相同，填写发件人、收件人、标题、正文、附件等信息即可，只是填写"发件人邮箱""邮箱地址"属性时，该邮箱地址一定要事先在 Outlook 中绑定好（支持绑定多个邮箱地址）。

微课堂：电子邮件自动化

例如，在 UiBot 中插入一条"发送邮件"的命令，并对命令的属性进行适当的设置。这些设置和人工发送邮件时填写的内容几乎没有区别，非常简单，如图 4.1 所示。

图 4.1　发送邮件

如果要接收邮件，可以插入一条"获取邮件列表"的命令，并对命令的属性进行适当的设置。用一条命令可以收下多封邮件，"邮件数量"属性就是指定需要收的邮件的数量，如果为 0，代表收下邮箱中所有的邮件，如图 4.2 所示。

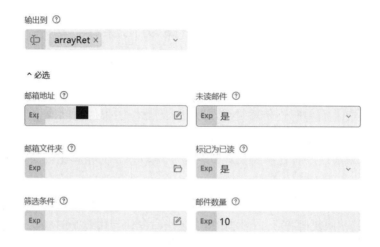

图 4.2　收取邮件

另外，UiBot 也支持比较低频的邮件操作，如"移动邮件""删除邮件"命令。需要注意的是，当前 Outlook 自动化命令主要适配 Outlook 的 2010、2013、2016、2019 版本。

同 Outlook 一样，UiBot 还支持对 IBM Notes 邮件客户端进行自动化操作，发送邮件、回复邮件、获取邮件列表、下载附件这些操作同样直接使用"发送邮件""回复邮件""获取邮件列表""下载附件"这几个命令就可以实现。其前提条件一样，都需要事先绑定发件人邮箱，而不同点在于配置属性：IBM Notes 不需要填写发件人邮箱，但存在"密码模式"，所有自动化命令都要配置密码，包括"移动邮件""删除邮件"命令。图 4.3 以"发送邮件"为例进行展示。其他各个命令也比较类似，不再赘述。

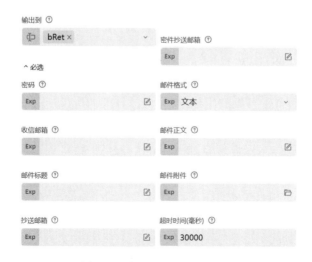

图 4.3　用 IBM Notes 发送邮件

4.2　电子邮件命令参数

（1）删除指定邮件消息（表 4.1）。

表 4.1　删除消息命令参数

参　数	必　选	类　型	默认值	说　明
message	True	expression	{}	邮件列表中的邮件对象

（2）下载指定邮件消息中的附件（表 4.2）。

表 4.2　下载附件命令参数

参　数	必　选	类　型	默认值	说　明
message	True	expression	{}	邮件列表中的邮件对象
savepath	True	path	'"C:\Users"'	邮件附件保存路径

（3）获取指定邮箱中的邮件列表，以数组的形式返回（表 4.3）。

表 4.3　获取列表命令参数

参　数	必　选	类　型	默认值	说　明
account	True	string	""	指定需要获取邮件列表的邮箱地址，必须和 Outlook 绑定的邮箱相同
folder	True	string	""	需要获取的邮箱文件夹，如"收件箱""草稿""已发送邮件"等文件夹
sfilter	True	string	""	筛选条件（区分大小写），从邮件的标题、内容、发送人、收件人、抄送人、密件抄送人中筛选符合条件的邮件
unread	True	boolean	True	是否只获取未读邮件
markasread	True	boolean	True	是否将获取的未读邮件标记为已读
count	True	number	0	指定获取邮件的数量，0 为全部获取

（4）将指定的邮件移动到指定文件夹，成功返回 true，失败返回 false（表 4.4）。

表 4.4　移动成功与否命令参数

参　数	必　选	类　型	默认值	说　明
account	True	string	""	需要移动邮件的所属邮箱地址，必须和 Outlook 绑定的邮箱相同
tfolder	True	string	""	指定邮件移动的目标文件夹，如"收件箱""草稿""已发送邮件"等文件夹
message	True	expression	{}	邮件列表中的邮件对象

（5）回复邮件，成功返回 true，失败返回 false（表 4.5）。

表 4.5　回复邮件成功与否命令参数

参　数	必　选	类　型	默认值	说　明
message	True	expression	{}	邮件列表中的邮件对象
rbody	True	string	""	邮件回复的内容
rattachments	True	array	['"C:\Users"']	邮件附件，可以是一个包含多个附件路径的数组，也可以是一个附件路径字符串
replyall	True	boolean	True	回复是否包含抄送对象

（6）发送邮件到指定邮箱，邮件发送成功返回 true，邮件发送失败返回 false（表 4.6）。

表 4.6　发送成功与否命令参数

参　数	必　选	类　型	默认值	说　明
account	True	string	""	发件人邮箱地址，必须和 Outlook 绑定的邮箱相同
arryTo	True	string	""	目标邮箱地址
strTitle	True	string	""	邮件的标题
strContent	True	string	""	邮件正文内容
strFormat	True	enum	"text"	邮件格式
arryAttachment	True	array	['"C:\Users"']	邮件附件，可以是一个包含多个附件路径的数组，也可以是一个附件路径字符串
arryCC	True	string	""	抄送邮箱地址，可以是一个包含多个邮箱地址的数组，也可以是一个单独的邮箱字符串
arrBCC	True	string	""	密件抄送邮箱地址，可以是一个包含多个邮箱地址的数组，也可以是一个单独的邮箱字符串

4.3　使用 RPA 批量发送邮件

图 4.4 为 RPA 在批量发送邮件中的实际应用流程。整体框架的作用是一个企业级的容灾解决方案，为防止邮件批量发送出错而导致业务无法进行从而设置的保障措施，而主要流程"邮件批量发送"是面向实际业务层，负责完成邮件发送业务。

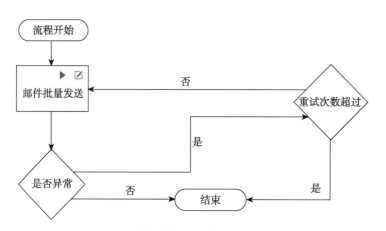

图 4.4　RPA 在批量发送邮件中的实际应用流程

框架流程中由 1 个普通流程块和 2 个判断块组成。

（1）"邮件批量发送"流程块的作用是批量发送邮件，是该流程的核心。

（2）"是否异常"判断块是用于判断"邮件批量发送"流程块运行是否异常，如有异常，则接下来的其他操作都无意义，抛出异常信息后结束流程；如若无异常，则结束流程。

（3）"重试次数超过"判断块是用于判断异常邮件批量发送是否超过最大重试次数，

超过最大重试次数，则认为无重试意义，抛出异常信息后结束流程；如若没有超过最大重试次数，则返回"邮件批量发送"流程块，再次运行。

4.3.1　邮件批量发送

邮件批量发送的功能主要是终止当前的 wps 进程，读取文件"部门邮箱信息.xls"，读取的起始单元格为 B2，之后循环发送邮件，遍历每个邮件地址，分别发送，然后标记为"已发送"。

（1）终止当前的 wps 进程，防止"已打开的表格"和"机器人打开的表格"相互影响，从而干扰后续的进程。

添加【关闭应用】，关闭的进程名为"wps.exe"。

（2）读取文件"部门邮箱信息.xls"，读取的起始单元格为 B2，获取员工的邮箱地址。

添加【打开 Excel 工作簿】，文件路径为"@res'"部门邮箱信息.xls'""。

添加【读取列】，工作簿对象为"objExcelWorkBook"，单元格为 B2，输出为"arrayEmail"，如图 4.5、图 4.6 所示。

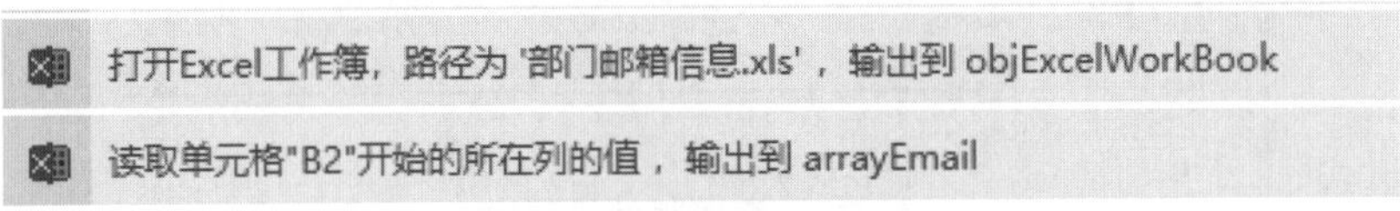

图 4.5　读取文件（1）

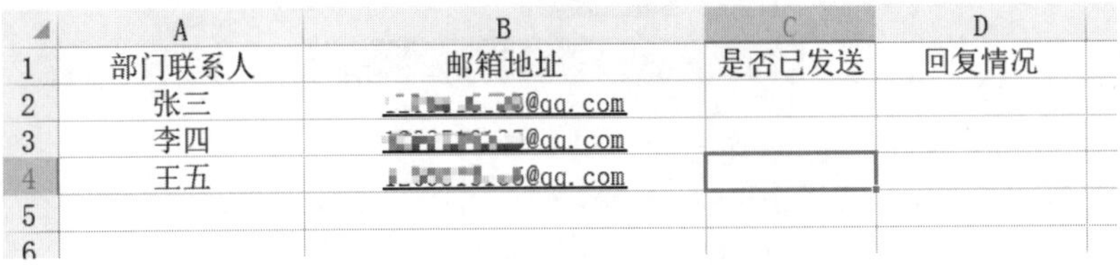

	A	B	C	D
1	部门联系人	邮箱地址	是否已发送	回复情况
2	张三	____@qq.com		
3	李四	____@qq.com		
4	王五	____@qq.com		
5				
6				

图 4.6　部门邮箱信息表

（3）在"循环发送邮件"的子程序 SendEmail 说明：使用模块 SMTP 的"发送邮件"命令，如图 4.7 所示。

添加【子程序】，命令名为"SendEmail"，属性为"receiverEmail"，命令名和属性均可自定义名称。子程序只能被调用，不会独立运行，使用子程序方法，可使流程更简洁明了。

添加【变量赋值】，将需要的数据都以赋值形式进行传递。

添加【try catch】，添加 SMTP/POP 下的【发送邮件】，将赋值过的变量填入相应的属性中，如图 4.8 所示。

不同的邮箱设置有所差异，本案例以 QQ 邮箱为例，下面是该命令的参数说明：

SMTP 服务器：smtp.qq.com

服务器端口：465

SSL 加密：True

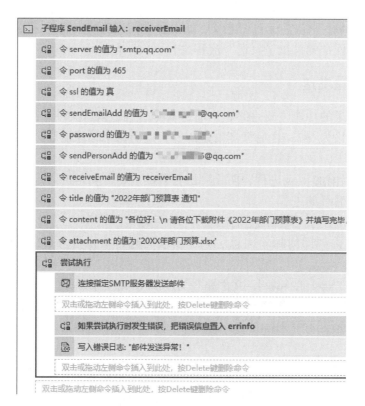

图 4.7　发送邮件子程序

图 4.8　【发送邮件】命令属性

登录账号：发件人的邮箱账号

登录密码：发件人的邮箱账号的授权密码

发件人：发件人的邮箱账号，一般和登录账号相同

收件人：收件人的邮箱地址

抄送：抄送人的邮箱地址，如果没有，设置为空字符串："　"

邮件标题：任意文本

邮件正文：任意文本

邮件附件：附件的文件路径

（4）循环发送邮件，遍历每个邮件地址，分别发送，并将发送完成的标记为"已发送"，如图 4.9 所示。

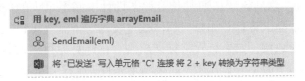

图 4.9　循环发送邮件

添加【for each】，选择读取字典的命令，键是"key"，值为"eml"，字典为"arrayEmail"。调用子程序，在源代码界面写入"SendEmail (eml)"，如图 4.10 所示。

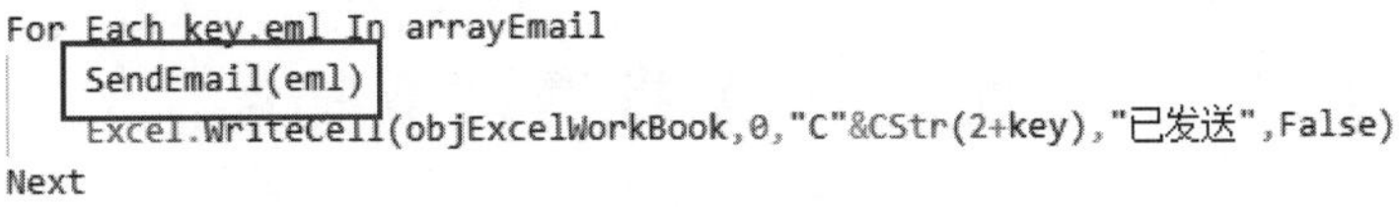

```
For Each key,eml In arrayEmail
    SendEmail(eml)
    Excel.WriteCell(objExcelWorkBook,0,"C"&CStr(2+key),"已发送",False)
Next
```

图 4.10　调用子程序

添加【写入单元格】，工作簿对象为"objExcelWorkBook"，工作表为"0"，写入的单元格为""C"&CStr(2+key)"，key 的值从 1 开始，每遍历一次会加 1，"CStr"的作用是转换为字符串类型，之后和 C 拼接在一起，写入的数据为"已发送"。

（5）所有邮件都发送完成后，关闭 Excel 工作簿，如图 4.11 所示。

图 4.11　关闭工作表

注意：获取到的邮箱地址实质就是收件人邮箱地址。

4.3.2　是否异常

这个判断流程块用来判断流程是否进行重试，若"邮件批量发送"流程块报错导致流程无法继续，此时 g_erroccr 会置为 true，同时通过"跳出返回"命令退出该流程块，进入"是否异常"判断块，满足条件则进入"重试次数超过"判断块，否则结束流程。

4.3.3　重试次数

在"邮件批量发送"流程块的最开始就设置了重试次数的累加，g_retry Cnt 的初始值设置为 0，每进入一次"邮件批量发送"流程块，就会对 g_retry time 进行加 1 操作，如图 4.12 所示。

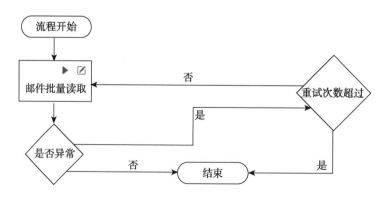

图 4.12　重试次数累加

4.3.4　重试次数超过

"重试次数超过"判断流程块通常是流程图设计中必不可少的一环，作用是判断整个流程是否可以重新尝试运行，如果"邮件批量发送"子流程可以正常运行，会根据箭头的指向运行到流程结束。如果有异常错误出现，在计算完重试次数后，会在这里判断当前运行次数是否小于最大尝试次数，如果满足条件，流程会重新尝试执行一次；否则，流程不能再次重试，运行结束（一般会把运行次数初始值设为 0，在重试次数流程块对运行次数进行累加 1，如果流程需要重试，那么第二次运行时，运行次数就变成了 2，最大运行次数可根据实际业务场景设置，一般是 3 次，在重试的次数小于最大运行次数时，才会触发流程重试运行）。

4.4　使用 RPA 批量读取邮件

日常工作中，如果发邮件是一项比较烦琐的工作，那某些特定邮件的收取也是同样如此。设想一个财务中的工作场景，需要每天收取大量来自客户的订单邮件，邮件内容包含正文和附件两个部分。

人工操作步骤大致如下：登录邮箱、筛选阅读特定邮件、保存附件、统一处理。整个过程其实是重复且低效的，完全可以交由 RPA 来完成此项工作。

以图 4.13 为例，它是使用 RPA 批量读取邮件的一个完整的企业级解决方案。流程分为两个部分：框架主流程和业务子流程，主流程的作用此处不再赘述。

图 4.13　批量读取邮件

其框架流程由 1 个普通流程块和 2 个判断块组成。

（1）"邮件批量读取"流程块的作用是批量读取邮件，是该流程的核心。

（2）"是否异常"判断块是用于判断"邮件批量发送"流程块运行是否异常，如有异常，则接下来的其他操作都无意义，抛出异常信息后结束流程；如若无异常，则结束流程。

（3）"重试次数超过"判断块是用于判断异常邮件批量发送是否达到最大重试次数，超过最大重试次数，则认为无重试意义，抛出异常信息后结束流程；如若没有超过最大重试次数，则返回"邮件批量读取"流程块，再次运行。

4.4.1　邮件批量读取

邮件批量读取的主要功能是读取文件"部门邮箱信息.xls"，连接 IMAP 邮箱，并读取邮箱列表，之后对邮箱列表的每个邮件进行遍历操作。最后将标记写入相应单元。

（1）终止当前的 wps 进程，防止已打开的表格和机器人打开的表格产生影响，从而干扰后续的进程。

（2）读取文件"部门邮箱信息.xls"，该文件在流程工程文件的 res 目录下，构造字典结构，方便后续将数据写入相应单元。该字典数据键值为邮件地址，值为索引值，第一个邮件的索引值为 0，以此类推，读取的起始单元格为 B2。

添加【打开 Excel 工作簿】，文件路径为"@res'"部门邮箱信息.xls'"，输出为"objExcelWorkBook"。

添加【读取单元格】，工作簿对象为"objExcelWorkBook"，工作表为"0"，单元格为 B2，输出为"arrayEmail"。

添加【for each】，选择读取字典的命令，键为"key"，值为"email"，字典为"arrayEmail"，如图 4.14 所示。

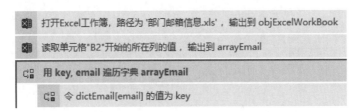

图 4.14　读取文件（2）

在右侧添加变量，变量名为"dicEmail"，值为"{}"，即添加一个空字典，如图 4.15 所示。

图 4.15　添加变量

添加【变量赋值】，令"dictEmail[email]"的值为"key"，方便后续找到需要填写反馈信息的单元格。

（3）连接 IMAP 邮箱，并读取邮件列表。读取邮件的个数需要进行设置，否则读取所有邮件。一般按照实际需求进行设置，此处设置为 10。

添加 IMAP 下的【连接邮箱】，服务器地址为"imap.qq.com"，登录账号为"邮箱账号"，登录密码为授权码，服务器端口为"143"，邮箱地址为要读取的邮箱账号，输出为"objIMAP"。

添加 IMAP 下的【获取邮件列表】，邮箱对象为"objIMAP"，读取的邮件数量为"10"，输出为"arrayRet"。如图 4.16、图 4.17 所示。

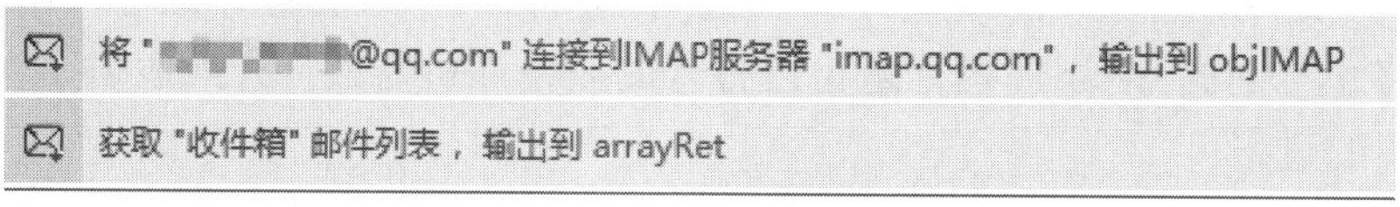

> ✉ 将 "▨▨@qq.com" 连接到IMAP服务器 "imap.qq.com"，输出到 objIMAP
>
> ✉ 获取 "收件箱" 邮件列表，输出到 arrayRet

图 4.16　连接邮箱

必选	
输出到	arrayRet
邮箱对象	objIMAP
邮箱文件夹	"收件箱"
邮件数量	10
仅限未读消息	否
标记为已读	否
字符集	""

图 4.17　【获取邮件列表】命令属性

（4）邮件属性配置（图 4.18）。

图 4.18　【连接邮箱】命令属性

（5）对邮箱列表的每个邮件进行遍历操作，判断标题是否包含文字"2020 年部门预算表通知"，如果包含，则进行后续处理；否则不处理该邮件。

添加【for each】，值为 "eml"，遍历的数组为 "arrayRet"。

添加【查找字符串】，目标字符串为 "eml【"SUBJECT" 】" 即邮件的标题，查找内容为 "2020 年部门预算表通知"，开始查找位置为 "1"，输出为 "iRet"。

添加【if】，判断的表达式为 "iRet<>0"。

添加两个【变量赋值】，令 "from" 的值为 "eml["FROM"]" 即发件人，令 "reply" 的值为 "人工判断"，如图 4.19、图 4.20 所示。

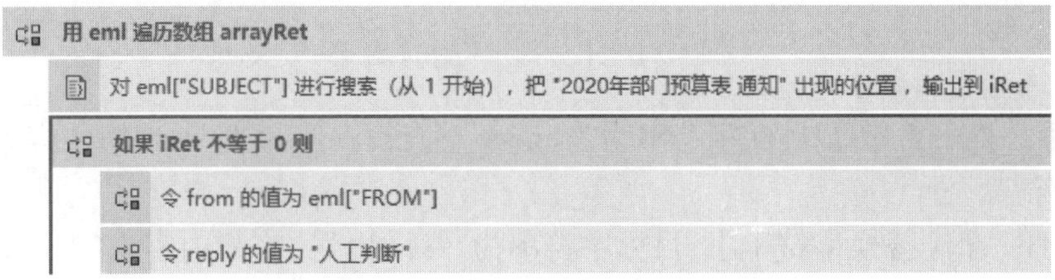

用 eml 遍历数组 arrayRet

 对 eml["SUBJECT"] 进行搜索（从 1 开始），把 "2020年部门预算表 通知" 出现的位置，输出到 iRet

 如果 iRet 不等于 0 则

  令 from 的值为 eml["FROM"]

  令 reply 的值为 "人工判断"

图 4.19　遍历邮件

属性	变量	
必选		
输出到	iRet	
目标字符串	eml["SUBJECT"]	✎
查找内容	"2020年部门预算表 通知"	✎
开始查找位置	1	
区分大小写	否	▼

图 4.20　【查找字符串】命令属性

（6）获取该邮件的发送人和发送邮箱，如图 4.21 所示。

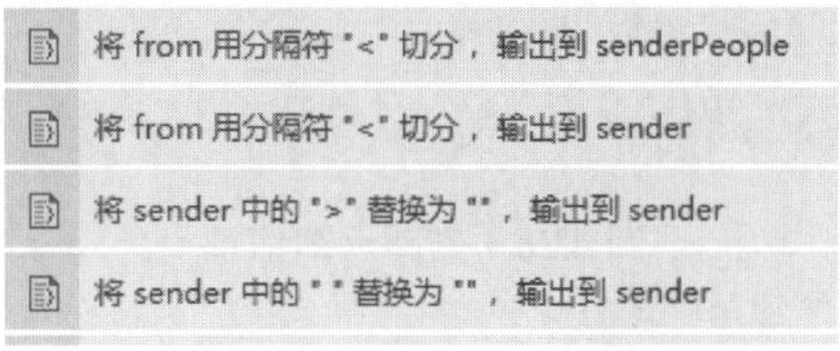

将 from 用分隔符 "<" 切分，输出到 senderPeople

将 from 用分隔符 "<" 切分，输出到 sender

将 sender 中的 ">" 替换为 ""，输出到 sender

将 sender 中的 " " 替换为 ""，输出到 sender

图 4.21　获取邮件信息

添加【分割字符串】，目标字符串为 "from"，分割符为 "<"，输出为 "senderPeople"，即发件人。分割后的字符串被分成多段，第一段下标为 0，第二段下标为 1，以此类推，右击该命令定位到源码界面，在该命令代码后添加 "[0]"，如图 4.22、图 4.23 所示。

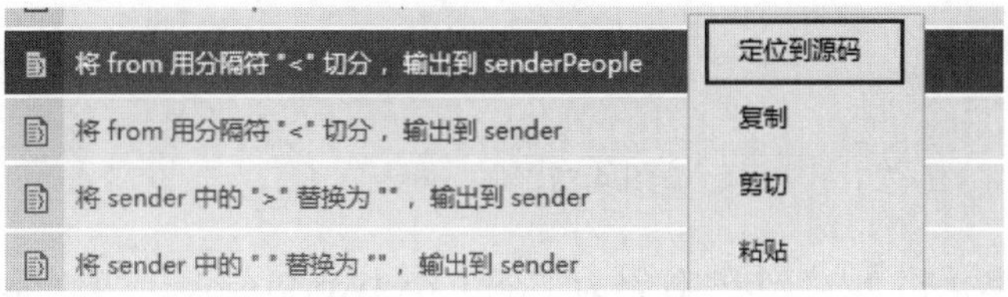

将 from 用分隔符 "<" 切分，输出到 senderPeople　　定位到源码

将 from 用分隔符 "<" 切分，输出到 sender　　复制

将 sender 中的 ">" 替换为 ""，输出到 sender　　剪切

将 sender 中的 " " 替换为 ""，输出到 sender　　粘贴

图 4.22　定位到源码

$$senderPeople = Split(from,"<")[0]$$

图 4.23 【分割字符串】源码

再添加一个【分割字符串】，目标字符串为"from"，分割符为"<"，输出为"sender"，定位到源码，在该命令代码后添加"[1]"，如图 4.24 所示。

$$sender = Split(from,"<")[1]$$

图 4.24 【分割字符串】源码

添加【替换字符串】，目标字符串为"sender"，查找内容为">"，替换内容为" "（空），相当于删除">"。

再添加一个【替换字符串】，目标字符串为"sender"，查找内容为" "，替换内容为" "（空），相当于删除空格。

（7）将"已读取"填入到指定单元，如图 4.25 所示。

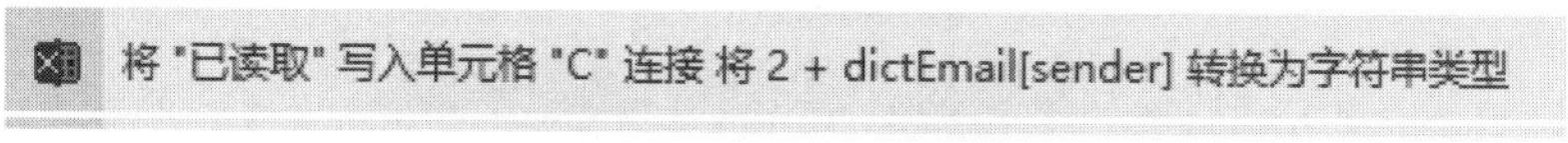

将 "已读取" 写入单元格 "C" 连接 将 2 + dictEmail[sender] 转换为字符串类型

图 4.25 标记为"已读取"

添加【写入单元格】，工作簿对象为"objExcelWorkBook"，工作表为"0"，单元格为""C"&CStr(2+dictEmail[sender])"匹配到相同邮箱后定位，数据为"已读取"。

（8）获得邮箱的文本内容，是否包含"收到"，如果包含，则标记为"收到"，否则标记为"人工判断"，如图 4.26 所示。

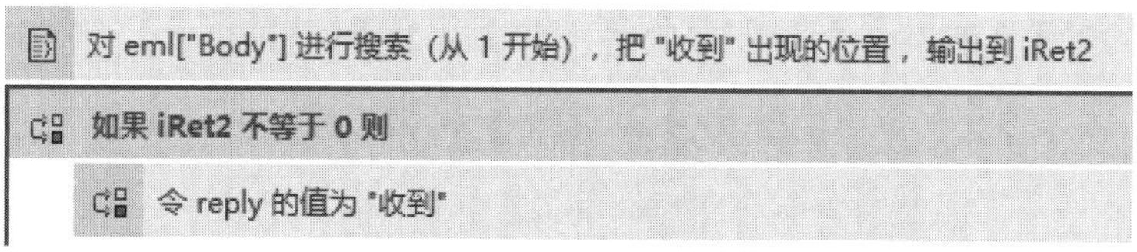

对 eml["Body"] 进行搜索（从 1 开始），把 "收到" 出现的位置，输出到 iRet2

如果 iRet2 不等于 0 则

令 reply 的值为 "收到"

图 4.26 判断反馈信息

添加【查找字符串】，目标字符串为"eml["body"]"即邮件内容，查找内容为"收到"，输出为"iRet2"。

添加【if】，判断表达式为"iRet2<>0"。

添加【变量赋值】，令"reply"的值为"收到"。

（9）将标记写入相应单元，如图 4.27 所示。

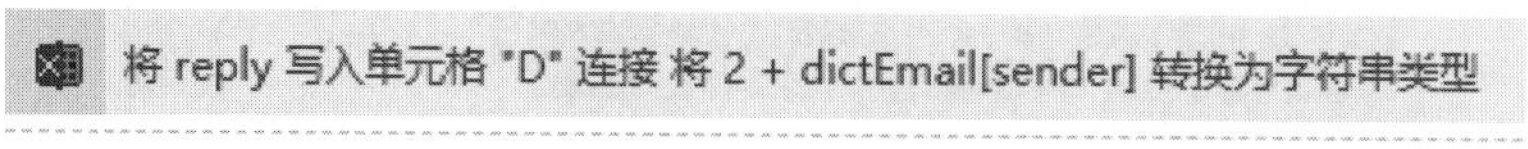

将 reply 写入单元格 "D" 连接 将 2 + dictEmail[sender] 转换为字符串类型

图 4.27 写入标记

添加【写入单元格】，工作簿对象为"objExcelWorkBook"，工作表为"0"，单元格为""D"&CStr(2+dictEmail[sender])"匹配到相同邮箱后定位，数据为"reply"。

4.4.2　重试次数

在"邮件批量读取"流程块的最开始就设置了重试次数的累加，g_retry Cnt 的初始值设置为 0，每进入一次"邮件批量发送"流程块，就会对 g_retry Cnt 进行加 1 操作。

4.5　使用 RPA 批量发送工资条

不同企业业务类型不同、规模不同，体制上有很大区别，但是有些东西总是共同的，譬如发薪日的员工工资条。在所有的工作场景中，工资条可谓是最常见的。常见不意味着简单，相反，当企业员工达到一定数量时，工资条的计算与发送反而变成了一项烦琐的工作。

以图 4.28 为例，它是一种企业处理工资条的 RPA 流程参考模型，框架主流程为企业容灾解决方案，"批量发送工资条"流程是整个 RPA 机器人的核心。

微课堂：工资条
群发邮件

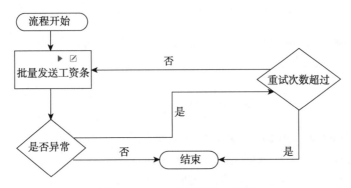

图 4.28　RPA 批量发送工资条

其框架流程由 1 个普通流程块和 2 个判断块组成。

（1）"批量发送工资条"流程块的作用是通过邮件给员工发送工资条，是该流程的核心。

（2）"是否异常"判断块是用于判断"批量发送工资条"流程块运行是否异常，如有异常则接下来的其他操作都无意义，抛出异常信息后结束流程；如若无异常，则结束流程。

（3）"重试次数超过"判断块是用于判断异常邮件批量发送是否超过最大重试次数，超过最大重试次数，则认为无重试意义，抛出异常信息后结束流程；如若没有超过最大判断次数，则返回"批量发送工资条"流程块，再次运行。

4.5.1　批量发送工资条

"批量发送工资条"流程的主要功能是读取文件"部门邮箱信息.xls"，"部门邮箱信息.xls"文件在工程文件夹的 res 文件夹中。之后循环发送邮件，然后标记为"已发送"。

（1）读取文件"部门邮箱信息.xls"，读取员工姓名的起始单元格为 A2，读取邮箱的起始单元格为 B2，获取所有的员工姓名和电子邮箱地址。

添加【打开 Excel 工作簿】，文件路径为 "@res'"部门邮箱信息.xls"'"，输出为 "objExcelWorkBook"。

添加两个【读取列】，读取的列分别为 "A2" 和 "B2"，输出分别为 "arrayName" 和 "arrayEmail"，如图 4.29 所示。

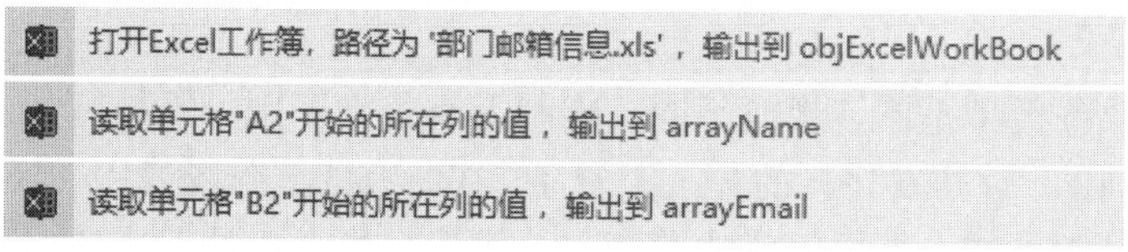

图 4.29　读取文件

（2）建立员工和工资条表格的对应字典，用于匹配员工个人的工资条，方便后续发送邮件作为附件，如图 4.30 所示。

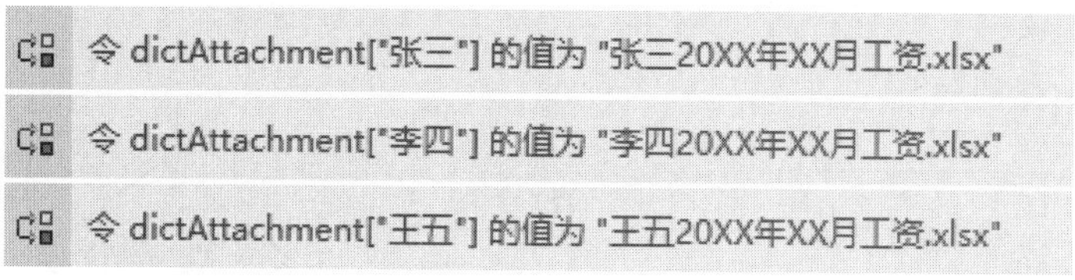

图 4.30　建立字典

添加变量 "dictAttachment"，初始值为 "{}"。

添加三个【变量赋值】，依照图 4.31 进行赋值。

（3）循环发送邮件，遍历每个邮件地址，分别发送，将特定的员工的工资条文件附加为附件，然后标记为 "已发送" 并写入单元格。

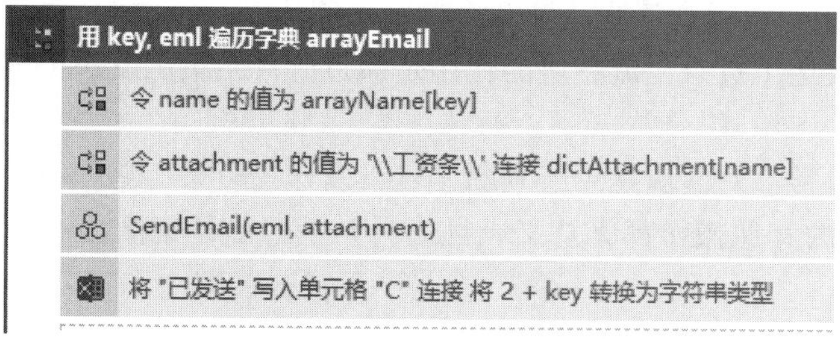

图 4.31　循环发送邮件

添加【for each】，选择读取字典的命令，键为 "key"，值为 "eml"，字典为 "arrayEmail"。

添加【变量赋值】，令 "name" 的值为 "arrayName[key]" 即姓名的定位。

添加【变量赋值】，令 "attachment" 的值为 "\\工资条\\连接 dictAttachment[name]"。调用子程序。

添加【写入单元格】，工作簿对象为 "objExcelWorkBook"，工作表为 "0"，单元格为 ""C"&CStr(2+key)" 匹配到相同邮箱后定位，数据为 "已发送"。

（4）"循环发送邮件"中子程序 SendEmail 说明：使用模块 SMTP/POP 的"发送邮件"命令，如图 4.32 所示。

图 4.32　子程序

子程序中设置两个变量：一个是接收人邮箱，一个是附件。

4.5.2　重试次数

在"批量发送工资条"流程块的最开始就设置了重试次数的累加，g_retry Cnt 的初始值设置为 0，每进入一次"邮件批量发送"流程块，就会对 g_retry Cnt 进行加 1 操作。

本 章 小 结

本章我们重点介绍了 RPA 在财务领域中应用于邮件处理的场景和方法。从 Email 自动化操作、Email 命令参数开始，介绍了如何利用 RPA 技术实现对邮件的自动化处理。我们了解了如何通过 RPA 来发送、读取和处理邮件，从而提高财务工作中与邮件相关的操作的效率和准确性。接下来，我们深入探讨了 RPA 在财务中的具体应用。首先是使用 RPA 批量发送邮件，通过 RPA 技术实现对大量邮件的自动发送；其次是使用 RPA 批量读取邮件，利用 RPA 技术实现对多封邮件的自动读取和处理；最后，我们介绍了使用 RPA 批量发送工资条的应用场景。通过 RPA 自动化执行工资条的发送，可以大大减少人工操作的工作量和错误率，提高工资发放的效率和准确性。

即测即练

即
测　　扫
即　　描
练　　此
　　　码

思政探索

　　管理者不能因为部署了 RPA 财务机器人而忽视对其行为的监督。程序本身的设计错误、人为恶意操控、各类不可预见因素等均可能导致机器人行为不当。如何以辩证思维分析上述 RPA 财务机器人的行为风险？

第 5 章

RPA 在财务中的应用——Web 篇

【知识目标】

1. 识别 RPA 机器人操作 Web 与传统人工操作的不同点
2. 记忆 RPA 机器人 Web 自动化操作
3. 描述 RPA 机器人访问数据前的环境
4. 描述 RPA 机器人如何抓取岗位招聘信息
5. 描述 RPA 机器人如何提取财务数据

【技能目标】

1. 应用 UiBot 软件进行基于 Web 的操作
2. 实践检查 UiBot 软件访问数据前的环境准备情况
3. 操作 UiBot 软件进行财务岗位招聘信息的抓取
4. 应用 UiBot 软件对上市公司财务数据进行提取

【关键术语】

Web 自动化、财务 RPA、UiBot、招聘信息、上市公司财务数据、财务数字化、RPA 工具、RPA。

Web 3.0 时代，财务 RPA 实现财务赋能，驱动财务数字化

提到数据或信息采集，很多人会联想到复制与粘贴这一基本的办公操作，但仅仅利用这两项功能对大量数据，如几千封邮件、几万张发票信息等进行处理，需要耗费大量人员和时间。

懂得编程的人员会想到使用 VBA 或 Python 爬虫技术处理大量数据信息，可以在十几分钟内将信息统一采集下载，但对于大部分办公族来说这是不现实的，因此需要一种简单、安全、高效的信息处理工具，那就是 RPA。

RPA 中 Web 应用自动化，通过它识别 Web 元素并相应地对其进行操作。这种自动化适用于任何网站，也可以远程部署在网络中的各种机器上。很多公司都在广泛结构化的基于 Web 的系统上设置应用程序。这些基于网络的系统中存在的信息非常复杂，需要处理后才能阅读、理解和分析。这时，我们就需要机器人过程自动化。在 RPA 的帮助下，我们可以自动执行各种任务，如表单填写、屏幕抓取、数据提取、网站测试等。

RPA 属于一种通过模拟人工对键盘与鼠标的操作，处理大量重复性、规则明确的工作流程的软件机器人。它能有效解决 ERP、CRM 等企业信息管理系统与 Excel、Word 等办公软件之间的数据交互问题。

低代码：RPA 产品融合了智能文档处理、对话式 AI、桌面自动化、流程录制、拖曳式编程等技术，降低了自动化应用门槛，无须增加自建成本就可以验证场景。

非侵入：RPA 的应用可以不改变企业原本的 IT 架构，替代人工完成大量的重复性工作。RPA 适合多场景应用，即使不懂代码的工作人员也可以在 RPA 机器人帮助下轻松采集到指定平台的数据。对以往需要人工手动操作下载的简单重复工作，均可以由 RPA 机器人自动处理。

5.1　Web 自动化操作

微课堂：浏览器
自动化

浏览器自动化是软件自动化的重要部分，从指定的网站获取、自动化操作 Web 形态的业务系统都需要基于浏览器进行自动化操作。

首先，通过"启动新的浏览器"命令来打开一个浏览器（图 5.1）。但如果计算机的浏览器正处于打开的状态，也可以通过"绑定浏览器"命令直接在此浏览器之上来进行操作，它所实现的效果与"启动新的浏览器"命令是相同的。

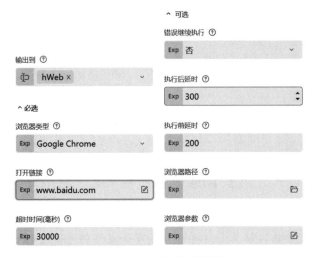

图 5.1　启动新的浏览器

"启动新的浏览器"命令的属性如下：在"浏览器类型"属性中确定所要启动的具体浏览器。当前 UiBot 支持的浏览器包括 IE、Google、UiBot 等不同类型的浏览器。若选择使用 UiBot 浏览器，则不需要单独安装，是在 UiBot Creator 5.0 版本后系统中自带的。与 IE、Google 浏览器相比，UiBot 浏览器——UiBot Brower 具有如下优点：第一，UiBot 浏览器无须安装任何浏览器扩展，即可选取目标元素，其他浏览器需要安装扩展，操作时容易有意外情况，如被杀毒软件拦截等；第二，UiBot 浏览器能够做到跨域网页目标元素抓取，使用其他浏览器登录网易、新浪、搜狐、QQ 等邮箱时，无法找到用户名和密码输入框；第三，UiBot 浏览器能够对访问网页中的 JavaScript 方法直接调用。综上所述，UiBot 浏览器优点众多，推荐优先使用。但也有一些网站需要特定浏览器才能登录、打开完成相关操作，比较常见的是国内银行网站、一些政府网站等，通常指定使用 IE 浏览器，此时的"浏览器类型"属性只能特定"IE 浏览器"。

"打开链接"属性表示打开浏览器时同时打开某个指定网址。若在这里填写的是"www.so.com"，表示打开浏览器时，同时打开 360 搜索。这一功能也可以选择暂不填写，后续操作中通过"打开网页"命令单独打开一个网址。

"超时时间（毫秒）"属性表示的是，如果在浏览器启动中出现突发情况，如找不到浏览器，或者指定链接异常等，UiBot 会进行反复操作，直到超过所确定的指定时间。

有两个可选属性也比较常用：一个是"浏览器路径"。有时在同一台办公电脑上会安装两个不同版本的浏览器。在此情况下，通过浏览器路径属性能够打开特定版本的浏览器进行操作使用。如果不指定这一属性，系统会去浏览器默认安装目录下查找并启动浏览器软件。另一个是"浏览器参数"，浏览器的功能十分强大，除默认启动之外，也可以对其中的参数进行自定义，包括打开指定网页、不同的窗口展示方式、启用或者禁止某些功能等，来启动一个个性化的浏览器。

浏览器启动后，可以在浏览器和浏览器打开的网页进行网页浏览、输入框输入内容、单击按钮等操作。比如，打开了 360 搜索网页，我们可以在 360 搜索主页的输入框中，输入"UiBot"，并单击"搜索"按钮，便能够获取"UiBot"在 360 搜索网页中的搜索结果。

5.2　Web 命令参数

（1）绑定一个已经打开的浏览器，使 Laiye RPA 可以对这个浏览器进行操作，绑定的浏览器可以是 IE、Chrome、FireFox、360、Edge，命令运行成功会返回绑定的浏览器句柄字符串，失败则返回 null。命令是否会成功返回命令参数如表 5.1 所示。

表 5.1　命令是否会成功返回命令参数

参　　数	必　选	类　　型	默认值	说　　明
sType	True	enum	"ie"	浏览器类型
iTimeOut	True	number	10 000	指定在 SelectorNotFoundException 引发异常之前等待活动运行的时间量（以毫秒为单位）。默认值为 10 000 毫秒（10 秒）
bContinueOnError	False	boolean	False	指定即使活动引发错误，自动化是否仍应继续。该字段仅支持布尔值（True，False）。默认值为 False
iDelayAfter	False	number	300	执行活动后的延迟时间（以毫秒为单位）。默认时间为 300 毫秒
iDelayBefore	False	number	200	活动开始执行任何操作之前的延迟时间（以毫秒为单位）。默认的时间量是 200 毫秒

（2）关闭标签页。关闭标签页命令参数如表 5.2 所示。

表 5.2 关闭标签页命令参数

参　数	必　选	类　型	默认值	说　明
hWeb	True	expression	hWeb	使用 WebBrowser.Create 或 WebBrowser.Bind 命令返回的浏览器句柄字符串
bContinueOnError	False	boolean	False	指定即使活动引发错误，自动化是否仍应继续。该字段仅支持布尔值（True，False）。默认值为 False
iDelayAfter	False	number	300	执行活动后的延迟时间（以毫秒为单位）。默认时间为 300 毫秒
iDelayBefore	False	number	200	活动开始执行任何操作之前的延迟时间（以毫秒为单位）。默认的时间量是 200 毫秒

（3）启动一个新的浏览器，使 Laiye RPA 可以对这个浏览器进行操作，启动的浏览器可以是 Internet Explorer、Chrome、FireFox、360、Edge、Laiye RPA 浏览器（Laiye RPA 浏览器仅支持启动一个浏览器窗口），命令运行成功会返回绑定的浏览器句柄字符串，失败返回 null。启动新浏览器命令成功与否命令参数如表 5.3 所示。

表 5.3 启动新浏览器命令成功与否命令参数

参　数	必　选	类　型	默认值	说　明
sType	True	enum	"ie"	浏览器类型
sURL	True	string	"about：blank"	启动浏览器后打开的链接地址
iTimeOut	True	number	30 000	指定在 SelectorNotFoundException 引发异常之前等待活动运行的时间量（以毫秒为单位）。默认值为 30 000 毫秒（30 秒）
bContinueOnError	False	boolean	False	指定即使活动引发错误，自动化是否仍应继续。该字段仅支持布尔值（True，False）。默认值为 False
iDelayAfter	False	number	300	执行活动后的延迟时间（以毫秒为单位）。默认时间为 300 毫秒
iDelayBefore	False	number	200	活动开始执行任何操作之前的延迟时间（以毫秒为单位）。默认的时间量是 200 毫秒
sBrowserPath	False	path	""	浏览器目录，默认为空字符串。当值为空字符串时，自动查找机器上安装的浏览器并尝试启动
sStartArgs	False	string	""	浏览器启动参数

（4）利用浏览器下载指定链接的文件。利用浏览器下载指定链接的文件如表 5.4 所示。

表 5.4 利用浏览器下载指定链接的文件命令参数

参　数	必　选	类　型	默认值	说　明
hWeb	True	expression	hWeb	使用 WebBrowser.Create 或 WebBrowser.Bind 命令返回的浏览器句柄字符串
sURL	True	string	""	要下载的文件链接地址（URL）
sFile	True	path	"C:\Users"	下载的文件在本机保存的路径

参　　数	必　选	类　型	默认值	说　明
bSync	True	boolean	True	命令是否同步执行，传递为 True 则等待文件下载完成后才返回继续执行，传递为 False 则文件开始下载后立即返回
iTimeOut	True	number	300 000	等待文件下载的超时时间，超过这个时间则判定为文件下载失败，默认为 300 000 毫秒（5 分钟）
bContinueOnError	False	boolean	False	指定即使活动引发错误，自动化是否仍应继续。该字段仅支持布尔值（True，False）。默认值为 False
iDelayAfter	False	number	300	执行活动后的延迟时间（以毫秒为单位）。默认时间为 300 毫秒
iDelayBefore	False	number	200	活动开始执行任何操作之前的延迟时间（以毫秒为单位）。默认的时间量是 200 毫秒

（5）读取网页的 Cookies 数据。读取网页的 Cookies 数据命令参数如表 5.5 所示。

表 5.5　读取网页的 Cookies 数据命令参数

参　　数	必　选	类　型	默认值	说　明
hWeb	True	expression	hWeb	使用 WebBrowser.Create 或 WebBrowser.Bind 命令返回的浏览器句柄字符串
bContinueOnError	False	boolean	False	指定即使活动引发错误，自动化是否仍应继续。该字段仅支持布尔值（True，False）。默认值为 False
iDelayAfter	False	number	300	执行活动后的延迟时间（以毫秒为单位）。默认时间为 300 毫秒
iDelayBefore	False	number	200	活动开始执行任何操作之前的延迟时间（以毫秒为单位）。默认的时间量是 200 毫秒

（6）读取当前页面的网页源代码（HTML），读取的代码和网页源文件有区别，如果网页是 JS（Java Script）构建的，则读取的代码包含了渲染后的完整 HTML 结构树。读取页面源代码成功与否命令参数如表 5.6 所示。

表 5.6　读取页面源代码成功与否命令参数

参　　数	必　选	类　型	默认值	说　明
hWeb	True	expression	hWeb	使用 WebBrowser.Create 或 WebBrowser.Bind 命令返回的浏览器句柄字符串
bContinueOnError	False	boolean	False	指定即使活动引发错误，自动化是否仍应继续。该字段仅支持布尔值（True，False）。默认值为 False
iDelayAfter	False	number	300	执行活动后的延迟时间（以毫秒为单位）。默认时间为 300 毫秒
iDelayBefore	False	number	200	活动开始执行任何操作之前的延迟时间（以毫秒为单位）。默认的时间量是 200 毫秒

（7）切换浏览器标签页，可通过地址栏、标题栏进行匹配，支持'*'通配符。匹配命令参数如表 5.7 所示。

表 5.7　匹配命令参数

参　　数	必　选	类　　型	默认值	说　　明
hWeb	True	expression	hWeb	使用 WebBrowser.Create 或 WebBrowser.Bind 命令返回的浏览器句柄字符串
sType	True	enum	"title"	匹配对象
sContent	True	string	""	匹配内容
bContinueOnError	False	boolean	False	指定即使活动引发错误，自动化是否仍应继续。该字段仅支持布尔值（True，False）。默认值为 False
iDelayAfter	False	number	300	执行活动后的延迟时间（以毫秒为单位）。默认时间为 300 毫秒
iDelayBefore	False	number	200	活动开始执行任何操作之前的延迟时间（以毫秒为单位）。默认的时间量是 200 毫秒

（8）等待当前加载的页面加载完成。等待当前加载的页面加载完成命令参数如表 5.8 所示。

表 5.8　等待当前加载的页面加载完成命令参数

参　　数	必　选	类　　型	默认值	说　　明
hWeb	True	expression	hWeb	使用 WebBrowser.Create 或 WebBrowser.Bind 命令返回的浏览器句柄字符串
arrElement	True	decorator	{}	当页面加载完后，判断是否存在指定的元素，不填写则不进行任何元素判断并返回 0；另支持传入元素数组来判断多个元素是否都存在，都存在则返回 1，若任意一个元素不存在则返回 0
iTimeOut	True	number	60 000	等待页面加载的超时时间，超过这个时间则判定为网页加载失败，默认为 60 000 毫秒（60 秒）
bContinueOnError	False	boolean	False	指定即使活动引发错误，自动化是否仍应继续。该字段仅支持布尔值（True，False）。默认值为 False
iDelayAfter	False	number	300	执行活动后的延迟时间（以毫秒为单位）。默认时间为 300 毫秒
iDelayBefore	False	number	200	活动开始执行任何操作之前的延迟时间（以毫秒为单位）。默认的时间量是 200 毫秒

5.3　访问数据前的环境准备

5.3.1　实践步骤

这里我们介绍的是通用的环境数据检测，其实不管什么类型的项目，如果是定位企业级的框架，完成环境检测也是必不可少的。我们以财务系统的环境检测为例，看看一个标准的环境如何来搭建，当然环境检测还有其他的方法，如 RPA 中可以通过企业级模板方式创建机器人流程，当中就已经涵盖环境检测。其框架主流程和业务子流程如图 5.2、图 5.3 所示。

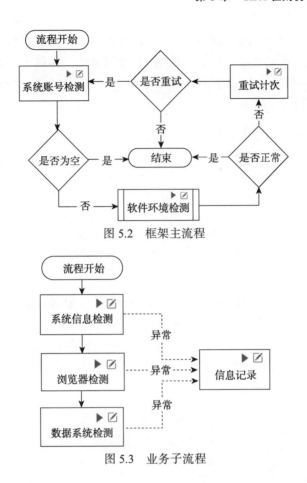

图 5.2　框架主流程

图 5.3　业务子流程

5.3.2　主流程步骤说明

本节环境检测大纲主要内容如下。

1. 系统账号检测

（1）【流程开始】是每个流程自带的流程块，当流程开始运行后，会按照箭头指向的顺序依次运行，第一个进入的流程块为【系统账号检测】，该流程块主要包含了流程需要使用的流程图变量，在流程图中单击左侧变量，可以看到存在的变量。

①g_iRetryNum：用于记录流程运行的次数，当机器人出现的异常次数大于某个值时，意味着程序已经达到了最大重试次数，程序停止，否则继续重试。实际的开发过程中可以根据系统环境进行合理设置。

②g_dictGlobal：对于 g 开头的变量，我们都可以理解为【流程图变量】，在所有的流程块中都能直接使用，子流程除外（需要传递也能使用），这里的变量可以用于记录异常信息、最大重试次数、账号、密码、网站地址、邮箱等信息。

③关于变量定义规范的补充。流程图变量（可以理解为全局变量）：g+下划线+变量名，如 g_dictGlobal 等；流程块变量（可以理解为局部变量，或者普通变量）：所有普通变量的命名，由一个或多个单词（名词）连接在一起，首字母小写，其他单词首字母大写（有经验的同学知道，它其实是一种【小驼峰】命名法），如 userName 等。

④注意点：变量名取名必须有意义，严禁用单字母；变量名禁用系统关键字，如 dim type、dim str 等；布尔变量一般加上前缀 is，布尔值统一为首字母大写（True、False），如：dim isSuccess = False；空值型的值总是 Null，不区分大小写。建议使用小写：null。

流程图变量如图 5.4 所示。

图 5.4　流程图变量

（2）【系统账号检测】流程块将 g_iRetryNum 进行了初始化，值为 0，g_dictGlobal 初始化值为空字典，并设置 isEx 为 False，最大重试次数 maxRetryNum 值设置为 3。

（3）初始化完成后，读取配置文件 Config.ini 中的用户名（userName）和密码（password）的值，并对其进行空值校验。如果其中任意一个为空，则记录异常并退出该流程块，如图 5.5 所示。

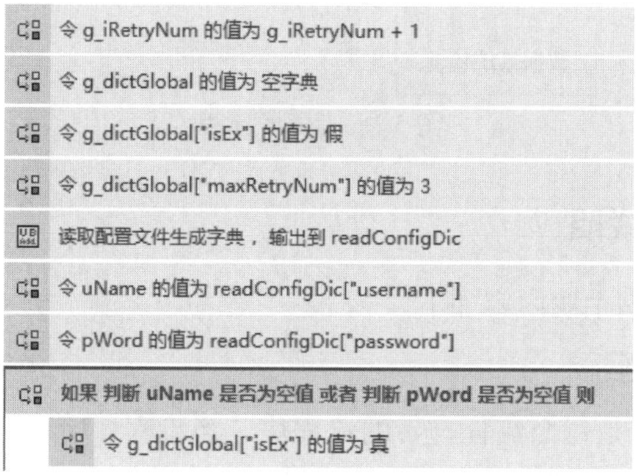

图 5.5　系统账号检测流程块

添加【读键值】，配置文件为 "@res"配置文件.txt""，小节名为 ""招聘网站""，键名为 ""网址""，输出为 "g_dictGlobal['rencai']"，如图 5.6、图 5.7 所示。

图 5.6　【读键值】命令属性

图 5.7　配置文件信息

2. 系统账号是否检测成功

"是否为空"属于判断流程块，这里判断条件为"g_dictGlobal["isEx"]=true"，如果条件为真，结束整个流程；如果为假，继续向下运行"软件环境检测"流程块，如图 5.8 所示。

基本信息	
描述	是否为空
条件表达式	g_dictGlobal["isEx"]=true

图 5.8　判断流程块属性

5.3.3　子流程步骤说明

"软件环境检测"为子流程块，进行三部分检测，单击编辑按钮即可进入查看。

第一部分为"系统信息检测"，该模块中检测机器人使用到的 Excel、WPS 表格软件能否正常使用，并检测财务系统相关账号、密码信息，如图 5.9 所示。

图 5.9　验证 WPS 是否能打开

【打开 Excel 工作簿】的打开方式设置成"WPS"，如图 5.10 所示。

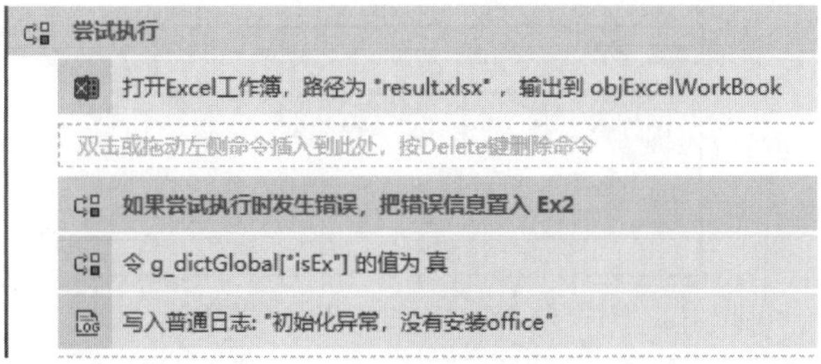

图 5.10　验证 Excel 是否能打开

【打开 Excel 工作簿】的打开方式设置成 "Excel"。

如果 WPS 打不开，则尝试使用 Excel 方式打开，若依旧打不开，则令 g_dictGlobal ["isEx"] 的值为 "真"，再添加一个【写入普通日志】，写入异常信息，如图 5.11 所示。

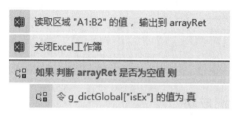

图 5.11   验证数据能否正常读取

第二部分为 "浏览器检测"，BS（Browser/Server，浏览器/服务器）操作财务系统的展示界面，如果机器人在运行过程中不能正常操作浏览器，势必会导致机器人运行失败，所以在运行前也需要进行检测。我们这里对较常用的浏览器之一——Google Chrome 进行检测，如图 5.12 所示。

图 5.12   "浏览器检测" 模块

第三部分为 "数据系统检测"，在执行财务流程过程中，经常需要做的操作是将相关信息录入系统，如果 Excel 中的数据不存在，则流程无法运行，如图 5.13 所示。

图 5.13   "数据系统检测" 模块

5.3.4　环境检测是否成功

"软件环境检测"子流程运行完成后，会重新进入主流程，继续向后运行，在子流程的内部如果流程存在异常，会记录 g_dictGlobal["isEx"]异常信息，进行判断，环境检测没问题则结束流程；如果出现问题，那么会进入重试阶段。

5.3.5　重试计次

在"重试计次"中我们会通过图 5.14 所示命令来记录程序的执行次数，每次做+1操作。

$$C_{\square}^{\square}\ \ 令\ g\_iRetryNum\ 的值为\ g\_iRetryNum + 1$$

图 5.14　重试次数累加

当在下一个流程判断块中，在 g_iRetryNum<3 条件满足的时候，会重新进入"系统账号检测"模块中，否则程序运行结束。

5.4　财务岗位招聘信息抓取

对于市场岗位分析而言，可能是企业人才储备其中的一个环节，可以帮助企业分析财务成本、制定用户薪水等提供参考。本节我们以财务岗位信息的抓取为例带领大家分析该流程如何实现。完整的流程图如图 5.15 所示。先进行环境的初始化，之后再进行数据抓取过程和文件写入过程。

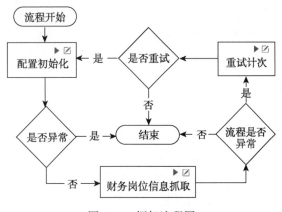

图 5.15　框架流程图

5.4.1　框架流程图

财务岗位招聘信息抓取大纲主要内容如下。

1. 配置初始化

在 5.3 节我们提到流程图变量（全局变量），可以在流程图中的每个流程块中使用，以及进行用户数据的传递操作，当前财务岗位招聘信息获取也采用相同的操作。如图 5.16 所示，定义两个变量，分别用来处理全局流程数据、最大重试次数。

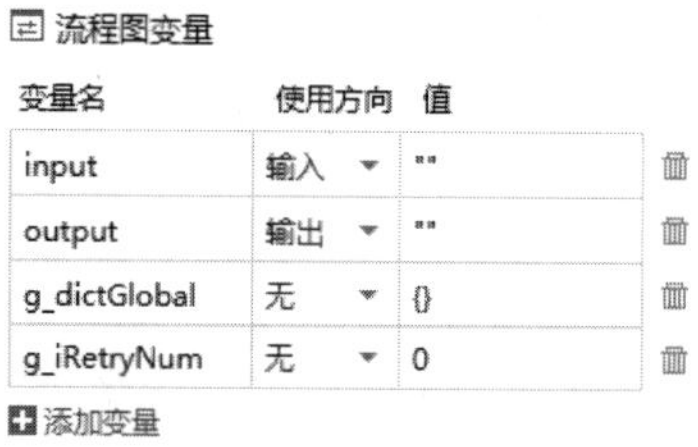

流程图变量
变量名
使用方向
值
input
输入
""
output
输出
""
g_dictGlobal
无
{}
g_iRetryNum
无
0
添加变量

图 5.16　流程图变量

在当前的流程块“配置初始化”中，需要对全局变量进行相应初始化，以满足后续流程块的使用。如图 5.17 所示，我们对 g_iRetryNum 和 g_dictGlobal 进行初始化之后，还读取了招聘网站的相应数据。使用配置文件的好处是，后续可以通过修改配置文件内容，增加或者减少招聘网站的数据来源获取。

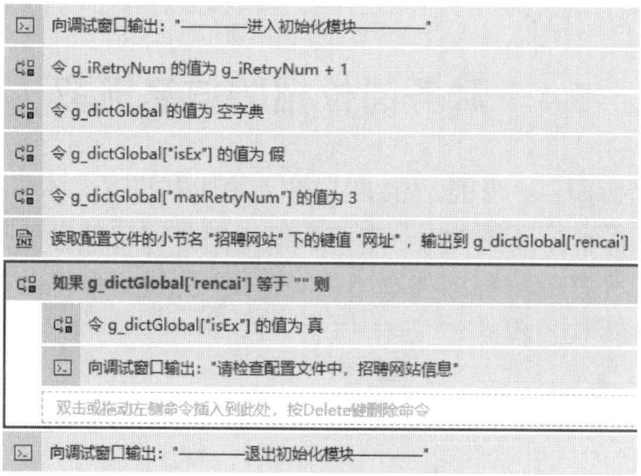

向调试窗口输出："————进入初始化模块————"
令 g_iRetryNum 的值为 g_iRetryNum + 1
令 g_dictGlobal 的值为 空字典
令 g_dictGlobal["isEx"] 的值为 假
令 g_dictGlobal["maxRetryNum"] 的值为 3
读取配置文件的小节名 "招聘网站" 下的键值 "网址"，输出到 g_dictGlobal['rencai']
如果 g_dictGlobal['rencai'] 等于 "" 则
令 g_dictGlobal["isEx"] 的值为 真
向调试窗口输出："请检查配置文件中，招聘网站信息"
双击或拖动左侧命令插入到此处，按Delete键删除命令
向调试窗口输出："————退出初始化模块————"

图 5.17　“配置初始化”流程块

依照图 5.18 添加相应的命令。

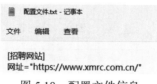

配置文件.txt - 记事本
文件　编辑　查看
[招聘网站]
网址="https://www.xmrc.com.cn/"

图 5.18　配置文件信息

2. 配置异常检测

当“配置初始化”出现异常时，g_dictGlobal["isEx"]条件为真，则退出，并且不会进行重试，没有配置文件，也就意味着没有抓取的网站，那么重试多少次得到的结果都是相同的。相反，如果条件为假意味着没有异常信息，那么程序会依次往后运行，并且出现错误会进行重试直到达到最大的重试次数。后面的异常信息往往是软件的特殊原因导致的，如 Excel 写入超时、网速等原因导致数据抓取失败。

5.4.2　财务岗位信息抓取

"财务岗位信息抓取"流程块，主要的功能是从表格中读取招聘岗位信息，再到网站通过职位名检索人才，之后抓取人才的数据写入一张新的表格。

这里主流程分成四步完成财务岗位数据的抓取。

1. 读取招聘岗位信息

打开 Excel 表格读取招聘岗位信息，读取之后关闭 WPS 软件，如图 5.19 所示。

图 5.19　读取招聘岗位信息

2. 打开指定网站

这里我们使用厦门人才网作为目标抓取网站，先启动浏览器，打开厦门人才网，并判断是否有恢复窗口弹窗，如果有则关闭该弹窗。

进入列表页面后，单击检索条件框，选择"按全文检索"，输入岗位名称，单击搜索按钮，如图 5.20 至图 5.22 所示。

图 5.20　打开指定网站

必选	
输出到	hWeb
浏览器类型	Google Chrome
打开链接	"https://www.xmrc.com.cn/"
超时时间(毫秒)	30000

图 5.21　【启动浏览器】命令属性

图 5.22　检索目标

3. 抓取岗位数据

接下来开始抓取数据，我们依次抓取的数据是职位名称、公司名称、工作地点、参考月薪、学历。

等待网页加载后，抓取表格信息，共抓取 50 条信息（这个数量可以修改），如图 5.23 至图 5.25 所示。

图 5.23　抓取岗位数据

图 5.24　数据抓取

图 5.25　【数据抓取】属性

4. 保存数据到 Excel

当上一个流程正常执行完成，我们来到下一个流程块，进行数据写入操作。在写入 Excel 表格的时候，需要指定 Excel 表格所对应的文件，打开数据录入模板表，将数据录入后另存为新的文件。路径有两种：相对路径（一般以@符号开头，此处只能看到文件名）；绝对路径（一般以项目盘符开头）。

可以在该流程的 r-es 本地目录文件夹下，"招聘岗位信息.xlsx"文件中修改需要筛选的岗位信息，岗位信息填写在 A1 单元格内，结果保存在该流程的 res 本地目录文件夹下，命名为"最终结果.xlsx"，如图 5.26 所示。

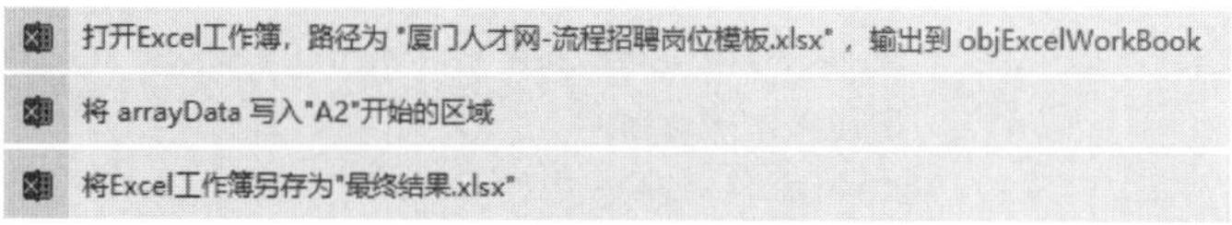

图 5.26　保存数据到 Excel

此时如果运行全流程，我们可以看到数据已经被抓取并保存到 Excel 表中了，如图 5.27 所示。

岗位标题	公司名称	工作地点	月薪	学历要求
财务总监(财务总监)	福建省█████集团有限公司	厦门市思明区		本科
财务总监(财务总监)	厦门市█████食品工业有限公司	厦门市	20000-30000	大专
财务总监(财务总监)	厦门████人力资源管理有限公司	福建省		
财务总监(财务总监)	厦门████科技股份有限公司	█市湖里区、厦█	18000-30000	本科
财务总监(财务总监)	█████(厦门)电子有限公司	厦门市翔安区	20000-30000	本科
集团财务总监	█████(厦门)科技有限公司	厦门市思明区	30000-50000	本科
财务总监(财务总监)	厦门████科技有限公司	厦门市同安区	12000-20000	本科
兼职财务经理/财务总监 [兼职]	█████(厦门)企业服务有限公司	█区、厦门市湖█	面谈	
财务总监助理	█████集团股份有限公司	厦门市翔安区	10000-12000	本科
服装品牌财务总监	福建████人力资源有限公司	武汉市	26000-40000	大专
焦作公司财务总监	厦门████机械股份有限公司	焦作市		本科
财务总监(财务总监)	厦门████创业投资有限公司	厦门市湖里区		本科
财务总监兼董秘	厦门████生物医药科技有限公司	厦门市海沧区		本科
财务总监(财务总监)	厦门████电气实业有限公司	厦门市同安区	10000-20000	本科
财务总监(财务总监)	厦门████科技集团有限公司			大专
财务总监(财务总监)	古琳达姬(厦门)股份有限公司	厦门市同安区	18000-25000	本科
财务总监(财务总监)	厦门████智能科技有限公司	厦门市	10000-20000	本科
财务总监(财务总监)	█████(厦门)电子有限公司	厦门市	12000-22000	本科
财务总监(财务总监)	厦门████控股集团有限公司	厦门市思明区	10000-15000	本科
财务总监(财务总监)	福建省████态科技股份有限公司	漳州市	15000-20000	本科
财务总监(生产型)	厦门████人力资源服务有限公司	漳州市		
财务总监(财务总监)	厦门市████食品有限公司	厦门市湖里区	6000-8000	中专
财务总监(融资 税筹)	█████(厦门)管理咨询有限公司	厦门市	35000-45000	无
财务总监(财务总监)	█████(厦门)管理咨询有限公司	厦门市集美区	33000-50000	
财务总监(财务总监)	中国████人才市场厦门工作部	厦门市思明区	20000-40000	本科
财务总监(财务总监)	厦门████人力资源服务有限公司	厦门市思明区	15000-30000	本科
财务总监(越南)IPO经验	厦门████企业管理咨询有限公司	国外	35000-60000	本科
财务总监(财务总监)	福建省████茶业有限公司厦门分公司	厦门市	15000-20000	本科
财务总监(财务总监)	厦门████信息科技有限公司	厦门市集美区	20000-40000	本科
酒店财务总监(五星级酒店)	厦门████集团有限公司	厦门市集美区	15000-20000	本科
财务总监(IPO方向)	厦门████材料科技股份有限公司	厦门市海沧区	15000-30000	本科
财务总监(财务总监)	福建省████建设工程有限公司	厦门市湖里区		大专
财务总监(财务总监)	厦门████集团有限公司	厦门市海沧区		本科
财务总监(财务总监)	厦门████皮革有限公司	漳州市	20000-40000	本科
财务总监(财务总监)	厦门市████购物商场有限公司	厦门市思明区		本科
新能源企业财务总监	厦门████管理咨询有限公司	厦门市	20000-40000	本科
财务总监(财务总监)	厦门████管理咨询有限公司	厦门市	20000-30000	本科
财务总监(财务总监)	厦门████科技有限公司	厦门市海沧区		本科
财务总监(财务总监)	厦门████科技有限公司	厦门市湖里区	10000-15000	本科
财务总监(财务总监)	厦门████信息咨询有限公司	厦门市思明区	30000-50000	本科
财务总监(财务总监)	厦门████工程技术有限公司	厦门市思明区		本科
集团财务总监	█████集团有限公司	龙岩市		大专

图 5.27　抓取的数据

5.4.3　流程是否异常

如果【财务岗位信息抓取】流程块出现异常会把异常信息写入日志，在当前流程块中进行判断后，如果 g_dictGlobal['isEx'] 为真（True）不会退出流程，而是进行重试；否则数据抓取成功，程序退出，如图 5.28 所示。

ⓘ 基本信息	
描述	流程是否异常
条件表达式	g_dictGlobal["isEx"]=true

图 5.28　"流程是否异常"判断属性

5.4.4　重试计次

当子流程出现异常，此时触发了异常信息，程序会进行重试计次，每次执行都将 g_iRetryNum 进行+1 操作，如果满足条件继续运行全流程，否则程序退出。

5.4.5 是否重试

该判断块主要的动作是判断 g_iRetryNum<3 是否达到最大重试次数，比较好理解，小于 3 则满足重试条件，继续执行，否则结束程序，如图 5.29 所示。后续还可以添加新的流程块进行邮件发送的提示。

基本信息	
描述	是否重试
条件表达式	g_iRetryNum<3

图 5.29 "是否重试"判断属性

5.5 上市公司财务数据提取机器人

这是一个信息增长速度飞快的时代，人们获取信息的方式也更加多样化。随着网络和计算机技术的快速发展，如何对各种重要资料进行数据分析是应对变化发展的主要途径。公司在经营过程中积累了大量的数据，股份持有者需要对企业财务数据进行有效分析；很多金融网站每天都发布各上市公司的信息，各有公司的管理人员分析这些数据决定各种策略，投资者也分析这些数据进行有效、合理的投资。现代的信息管理系统在公司的运营管理活动中广泛使用，但传统的公司财务对数据的获取、分析等方法已经难以满足管理者对信息获取的需要。

目前，财务数据的获取和分析是基于公司或部门收集的公司经营状况的各项指标数据或统计资料，这些信息可以形成财务报表的数据或报告，以便财务部门的工作人员进行分析和研究。通过比较指标数据和往年的数据，可以分析现在公司的运营是否有异常，如有异常，具体分析哪方面有异常，根据分析的报告书来改善公司的经营战略。但是，传统的财务数据获取的手段无法大量而准确地捕捉数据记录和报告指标，无法充分利用这些资源的有效信息。作为一个专业投资者，要研究上市公司的财务数据是否可靠，可以对上市公司多年的财务数据报告进行数据挖掘，选择主要数据指标进行跟踪和分析，避免错误数据影响投资判断。

5.5.1 框架流程图

框架流程图如图 5.30 所示。本节上市公司财务数据提取主要内容是启动浏览器，输入网站地址：http://data.10jqka.com.cn/financial/yjkb/，在网页的报表日期中选择"2021年年报"，之后单击股票简称，找到指定数据导出，打开导出数据表，提取到一张新表，调整新表格式之后保存。

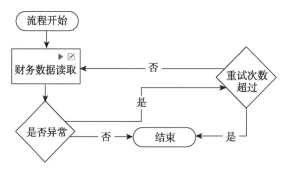

图 5.30 框架流程图

5.5.2　上市公司财务数据提取

（1）中止相关进程，使流程有一个干净的运行环境，这里杀掉 Chrome 和 Excel 的进程，如图 5.31 所示。

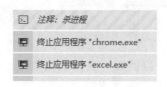

图 5.31　终止程序

（2）最终的目的是将 3 个表的数据整合到一个总表中，所以事先定义 3 个表的数据中需要整合的 Excel 数据表行号。这三行分别对应主要指标表、资产负债表、利润表。如图 5.32 所示。

图 5.32　定义数据表行号

（3）创建保存结果的文件夹，有财务报表文件夹，财务报表文件夹下设立总表文件夹，在此工程中，这些文件夹都位于工程目录的 res 目录下。创建文件夹之前，如果该文件夹存在，则进行删除处理，如图 5.33 所示。

图 5.33　创建文件夹

（4）启动浏览器，打开网站 http://data.10jqka.com.cn/financial/yjkb/，选择 2021 年年报，如图 5.34 所示。

启动 Google Chrome 浏览器，并将此浏览器作为操控对象，输出到 hWeb
更改目标窗口的显示状态
鼠标点击目标
鼠标点击目标 2021年年报

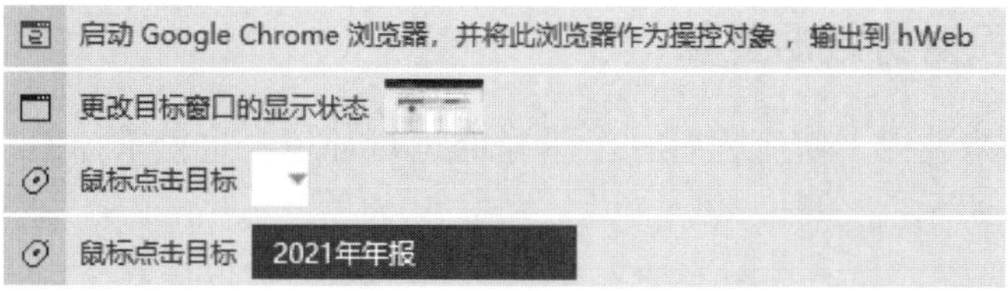

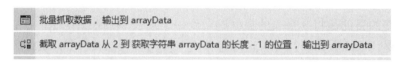

图 5.34 启动浏览器

（5）进行数据抓取，一次可以抓取一页的表格数据，抓取的数据包含标题，去掉标题，也去掉数组的前面两个元素，如图 5.35 所示。

批量抓取数据，输出到 arrayData
截取 arrayData 从 2 到 获取字符串 arrayData 的长度 - 1 的位置，输出到 arrayData

图 5.35 数据抓取

（6）获取到数据表格后，我们得到了每行数据的股票代码和股票简称。为了依次单击每个股票简称进入相应页面，需要动态改变元素选择器，这些元素选择器的唯一差别是它们的名字，也就是股票简称，那么只要改变股票简称，将该元素选择器作为元素进行单击，就可以跳转到相应页面。

如下是通用的元素选择器：

element = {"wnd":[{"cls":"Chrome_WidgetWin_1","title":"*","app":"chrome"},{"cls":"Chrome_ RenderWidgetHostHWND","title":"Chrome Lega cy Window"}],"html":[{"tag":"A","parentid":"J- ajax-main","aaname":"首航高科"}]}

从这里我们看到，aaname 属性就是股票简称。

只要用如下语句就可以改变这个属性，如股票简称是“广州发展”，则 element ["html"][0]["aaname"] = “广州发展”，如图 5.36 所示。

用 key, value 遍历字典 arrayData
令 companyCode 的值为 value[1]
令 companyName 的值为 value[2]
令 element["html"][0]["aaname"] 的值为 companyName

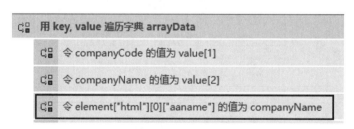

图 5.36 将“股票简称”作为区分的元素

（7）循环执行所有的行，依次处理每个股票简称数据，如图 5.37 所示。

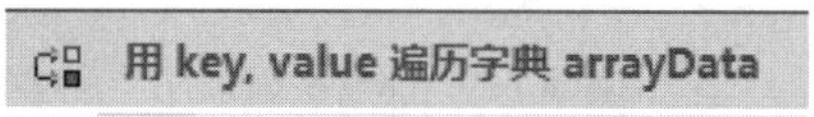

用 key, value 遍历字典 arrayData

图 5.37 遍历数组

（8）获取文件列表，重复股票简称不进行数据抓取，如图 5.38 所示。

图 5.38　获取文件夹列表

（9）提取主要指标，在这里，要构建文件名称，去掉文件名中的*号，如图 5.39 所示。

图 5.39　提取主要指标表

（10）下载利润表和资产负债表，如图 5.40、图 5.41 所示。

图 5.40　下载利润表

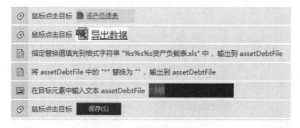

图 5.41　下载资产负债表

（11）表的下载需要时间，所以最后一个表下载后，要等待其下载完毕，循环检测表是否下载完成，下载完成则跳出循环，如图 5.42 所示。

判断文件 profitFile 是否存在，输出到 fileExist
循环当 不满足条件 fileExist 时
判断文件 profitFile 是否存在，输出到 fileExist
等待 500 毫秒后继续运行

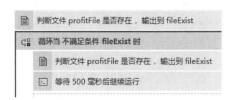

图 5.42　等待文件下载完成

（12）创建财务报表，因为报表需要格式化，所以要事先创建一个模板文件，然后数据复制进来时可以保持固定的格式，如居中等，如图 5.43 所示。

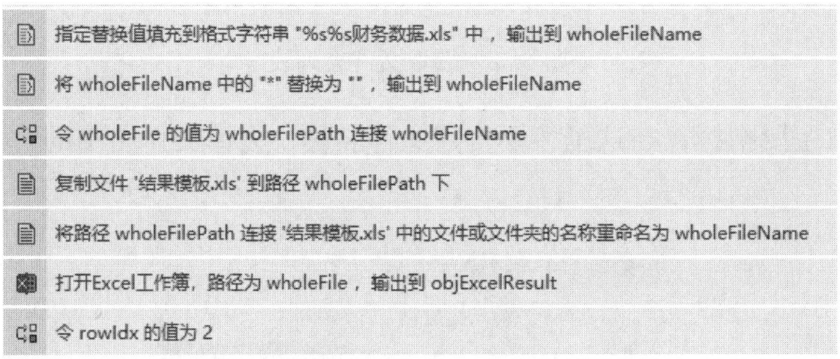
指定替换值填充到格式字符串 "%s%s财务数据.xls" 中，输出到 wholeFileName
将 wholeFileName 中的 "*" 替换为 ""，输出到 wholeFileName
令 wholeFile 的值为 wholeFilePath 连接 wholeFileName
复制文件 '结果模板.xls' 到路径 wholeFilePath 下
将路径 wholeFilePath 连接 '结果模板.xls' 中的文件或文件夹的名称重命名为 wholeFileName
打开Excel工作簿，路径为 wholeFile，输出到 objExcelResult
令 rowIdx 的值为 2

图 5.43　创建财务报表

第一行代码：添加【格式化字符串】，格式字符串为"%s%s 财务数据.xls"，替换值为“companyCode，companyName”。

（13）打开财务报表文件，如图 5.44 所示。

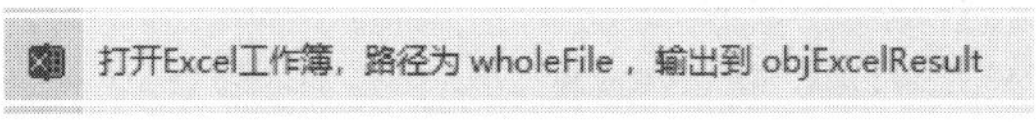
打开Excel工作簿，路径为 wholeFile，输出到 objExcelResult

图 5.44　打开财务报表文件

（14）写入利润表，rowIdx 是最开始写入的行号。先打开利润表文件，然后循环将利润表的相应行写入财务报表文件。如图 5.45 所示，最后关闭利润表。

令 rowIdx 的值为 2
注释：写入利润表
打开Excel工作簿，路径为 profitFile，输出到 objExcelWorkBook
用 keep 遍历数组 profitKeep
读取单元格keep开始的所在行的值，输出到 arrayRet
从单元格 "A" 连接 将 rowIdx 转换为字符串类型 开始写入一行数据
令 rowIdx 的值为 rowIdx + 1
双击或拖动左侧命令插入到此处，按Delete键删除命令
关闭Excel工作簿

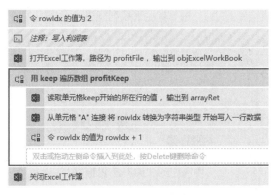

图 5.45　写入利润表

（15）按照利润表的写入方法依次写入资产负债表和主要指标表，如图 5.46、图 5.47 所示。

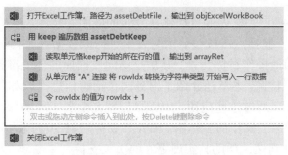

图 5.46　写入资产负债表

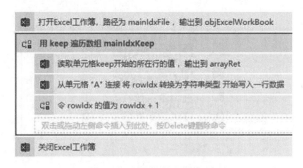

图 5.47　写入主要指标表

（16）关闭 Excel 工作薄和标签页，则流程返回到步骤（7）进行下一轮循环，直到所有的行处理完毕，如图 5.48 所示。

图 5.48　关闭 Excel 工作薄和标签页

5.5.3　是否异常

如果【财务岗位信息抓取】流程块出现异常，会把异常信息写入日志，在当前流程块中进行判断后，如果 g_erroccr 为真，则不会退出流程，而是进入【重试计次】判断块；否则数据读取成功、程序退出。

5.5.4　重试次数超过

在【财务岗位信息抓取】流程块开始运行时，会对运行次数进行计数，进入【重试计次】判断块，程序会进行重试计次的判断，如果满足条件程序退出，否则继续运行全流程。

本 章 小 结

本章介绍了 RPA 在处理 Web 自动化任务时的应用和技术。首先是利用 RPA 技术进行 Web 自动化操作，包括点击按钮、填写表单、抓取数据等。我们还深入研究了 Web 命令参数，以便准确地操作目标元素。其次是访问数据前的环境准备，了解到访问数据前需要做好各项环境检测。本章还介绍了财务岗位招聘信息抓取和上市公司财务数据提取机器人的实际应用。通过这些应用，RPA 可以提高财务工作的效率和准确性，快速获取关键信息，并减少手工操作的工作量。RPA 在财务领域的应用为财务部门带来了更高的工作效率和数据准确性，帮助其实现更好的决策支持。

即测即练

即测即练　　　　　扫描此码

思政探索

RPA 财务机器人在执行流程的过程中需要访问业务数据，这类业务信息常常因其敏感性而必须受到企业内部的相关 IT 制度或外部法律法规的保护和监管。机器人对业务数据的访问权限使其可以操纵这些数据，故企业需制定相关的安全标准，并通过身份验证或数据加密等手段确保机器人所访问的数据安全。请举例说明相关法规制度。

第 6 章

RPA 财务机器人综合实战

【知识目标】

1. 识别供应商对账机器人操作模式与传统人工操作模式的不同点
2. 识别进项发票勾选认证机器人操作模式与传统人工操作模式的不同点
3. 识别纳税申报机器人操作模式与传统人工操作模式的不同点
4. 识别自动开票机器人操作模式与传统人工操作模式的不同点
5. 识别网银付款机器人操作模式与传统人工操作模式的不同点

【技能目标】

1. 应用 UiBot 软件模拟开发供应商对账机器人
2. 应用 UiBot 软件模拟开发进项发票勾选认证机器人
3. 应用 UiBot 软件模拟开发纳税申报机器人
4. 应用 UiBot 软件模拟开发自动开票机器人
5. 应用 UiBot 软件模拟开发网银付款机器人

【关键术语】

供应商对账机器人、进项发票勾选认证机器人、纳税申报机器人、自动开票机器人、网银付款机器人、RPA 工具、RPA。

RPA 在财务领域的应用

RPA 在应用中其场景要符合大量重复与规则明确两项特征。只有在这两个明确的规则下，RPA 才能清晰地执行任务。如果所要执行的工作任务并不明确，不具有清晰的规则性，那么机器人将不能执行工作任务。RPA 在特定软件算法控制下，能够利用多个程序对程序中的功能进行交互，从而自动完成各类数据统计、收集、管理工作，进而在用户界面自动执行工作流程。

RPA 的使用并不需要过于复杂的操作流程，即使新入职的工作人员也能快速上手。财务报表编制、发票验真、纳税申报、账务核对等财务流程，符合 RPA 应用大量重复、明确规定的两项特征。因此，在财务领域中应用 RPA 不仅能节约大量人工处理时间，也能使财务整体处理效率明显提升。

财务机器人的出现对财务领域而言，是机遇与挑战并存的。机遇是，财务机器人能够切实推动财务观念变革，成为财务人员创新和转型的重要工具，且可以改变财务组织架构，生产新团队与新工作内容，使更多财务人员参与到更具价值的工作中；挑战是，财务领域的环境变化与新兴技术发展，导致企业对财务人员能力要求不断提升，财务人员需要更加深入的财务知识、更加懂得 IT 知识、更加了解企业业务，具有创新精神与学习精神。

6.1 供应商对账机器人

6.1.1 供应商对账机器人案例背景

某大型企业每月需要进行供应商对账，采购员通过手动导出《采购订单明细表》，根据供应商名单，一一制作对账单，并发送供应商对账单与供应商进行对账，以便后续的开票和付款。这部分导出、编辑对账单的人工工作约占采购流程工作量的一半。由于数据量大，每月需要比对超过 2 000 条采购订单，因此人工操作耗时较大。在员工对账环节中，经常会遇到下面这些情况：采购内容多，供应商数量多，需要大量的人员或时间用于对账工作；通过人工进行对账，速度慢；人工对账的内容较细致，出错率高。所以该企业想要引入财务机器人代替传统的人工对账操作，提升供应商对账的工作效率，节省员工宝贵的时间和精力。

6.1.2 供应商对账自动化解决方案

为了解决供应商对账流程的痛点，该企业采用智能对账的解决方案。由于对账流程具有内容重复性高、规则清晰度高的特点，因此很适合供应商对账机器人的应用。供应商对账机器人操作步骤如下：开始由供应商对账机器人自动登录到采购平台中，搜索指定时间期间，按照供应商名单，从平台中找到需要的订单明细信息，按照统一的对账模板，生成一份份对账单；最后将整理好的对账单通过邮件发送给供应商，同步抄送采购员。经过以上流程，大约95%的应付对账就实现自动化了。

6.1.3 传统流程

采购人员每月需要从采购系统中导出其所负责的供应商采购数据，按固定的模板生成对应供应商的对账单，人工做完需要复核，保证账单数据内容与采购系统数据一致。然后将制作好的对账单通过电子邮箱，一对一发送给供应商。采购员与供应商对账完成确认无误后，采购员才能进行后面的付款申请等工作。

6.1.4 RPA 实现步骤

1. 整体框架说明

对账机器人的整体流程如图 6.1 所示，"对账单下载与加工"流程块是对整体需求的实现部分，主要的逻辑都会在该流程块中体现，包括登录网站下载对账单、根据模板和需求逻辑加工对账单、通过邮件发送加工后的对账单给供应商并抄送给采购员等步骤。两个判断框主要功能是让程序实现多次重试操作，即当程序运行出错时可以自动重新执行，重新执行多次仍然失败后才会终止程序。

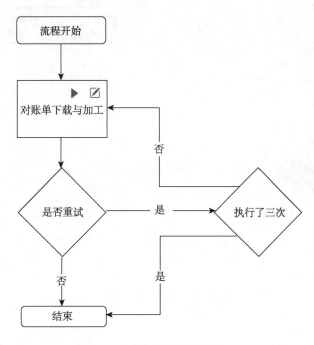

图 6.1 对账机器人的整体流程

实现重试机制需要声明两个全局变量 "bool_异常" 和 "int_执行次数"，默认值分别为 false 和 0，如图 6.2 所示。

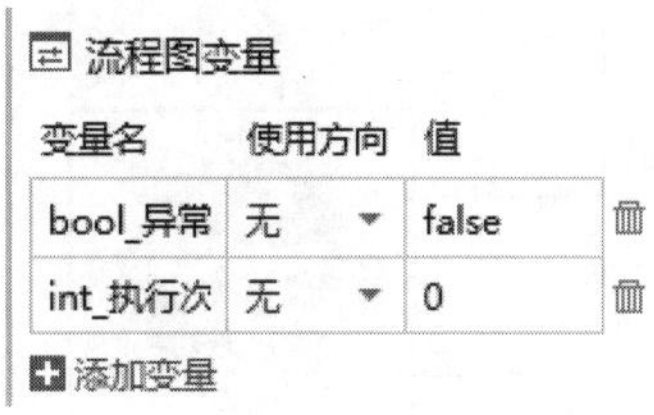

图 6.2 流程图全局变量

流程块中执行程序时，如果报错了就让 "bool_异常" 的值为 true，并且让 "int_执行次数" 的值 +1，程序通过 "bool_异常" 是否为 true 来判断程序执行是否出错，如果出错则去判断 "int_执行次数" 是否已经等于 3，如果等于 3 就终止整个程序，如果不等于 3 就重新执行一遍程序。两个判断框的具体判断条件如图 6.3 和图 6.4 所示。

2. 需求逻辑实现

在 "对账单下载与加工" 流程块中，实现业务逻辑。

步骤 1：对业务逻辑代码进行异常处理。

使用 "尝试执行操作" 命令将所有逻辑代码都包含其中，以便程序出错时触发重试机制并记录于日志中方便错误排查。把该命令执行时发生错误部分的 "异常信息" 属性设置为 "info_err"，并添加写入错误日志命令，将 "info_err" 记录在日志中，然后使用

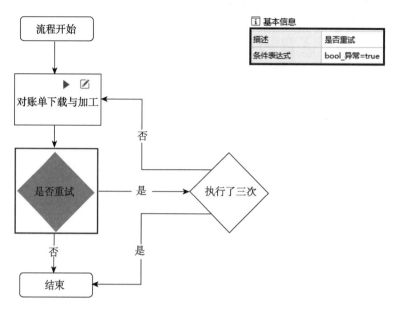

图 6.3　是否重试判断框

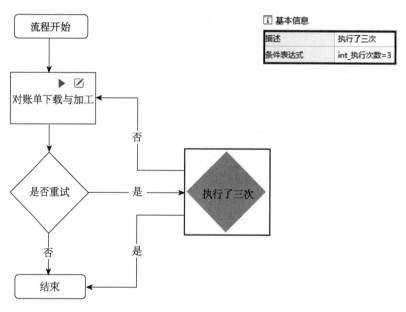

图 6.4　执行次数判断

"变量赋值"命令将全局变量"bool_异常"的值改为真，这样从流程图就能知道该流程执行出错，如图 6.5 所示。

步骤 2：关闭相关应用，并为全局变量赋值。

每次执行该流程块，都需要为全局变量赋值，并且关闭该流程涉及的应用软件，确保运行环境正常。添加"变量赋值"命令，令"bool_异常"的值为 false，让"int_执行次数"的值 + 1，然后添加"关闭应用"命令，终止 WPS、Excel 和 Chrome 浏览器的进程，如图 6.6 所示。

图 6.5　异常处理（1）　　　　　　　　图 6.6　关闭应用与变量赋值

步骤 3：检查程序所需文件夹。

程序执行的过程中下载的文件需要一个存放的地方，加工完对账单后也需要一个存放文件的地方，此时程序需要检查这两个文件夹是否存在，存在则删除重新创建，不存在则直接创建，这样做是为了确保文件夹是空的，测试的时候就不会存在文件的重复问题，如图 6.7 所示。

图 6.7　检查程序所需文件夹

步骤 4：弹出日期输入框，记录输入日期并处理格式。

添加"输入对话框"命令，使用参数记录用户输入的内容，并使用"分割字符串"和"替换字符串"命令将用户输入的字符串分成两个参数"start_日期"与"end_日期"，在后续下载账单的步骤中需要用到这两个参数，如图 6.8 所示。

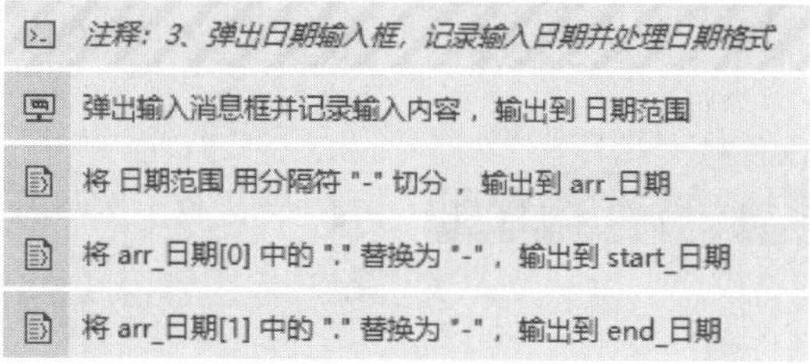

图 6.8　日期输入框

步骤 5：读取供应商清单内容。

添加"打开 Excel 工作簿"和"读取列"命令，读取供应商清单中需要用到的列的数据，并为每一列声明一个参数保存读取到的数据，如图 6.9 所示。

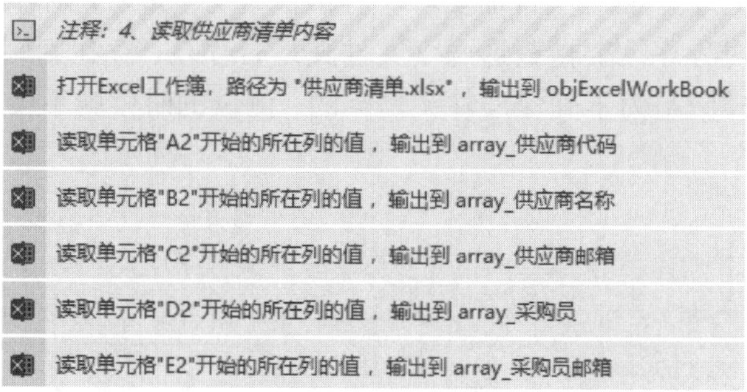

图 6.9　读取供应商清单内容

步骤 6：启动浏览器，登录网站并进入下载界面。

添加"启动新的浏览器"命令，使用谷歌浏览器打开指定网页，打开网页需要一定的加载时间，等待元素加载完成后再进行输入账号密码的登录操作。同样地，登录后也需要等待元素加载完成后再进入采购明细表界面，如图 6.10 所示。

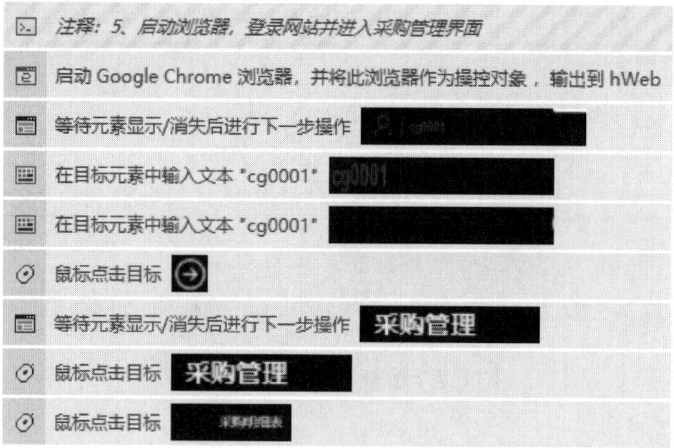

图 6.10　登录并进入界面

步骤 7：下载每一家供应商的对账单，加工后发送邮件给供应商和采购员。

前面步骤已经将供应商清单表格中的"供应商代码"列读取并存放到数组中了，现在需要遍历这个数组，所以添加一个"依次读取数组中每个元素"命令，遍历对象为"array_供应商代码"。对每一家供应商都进行"下载对账单→加工对账单→发送邮件"三个步骤的操作。由于加工对账单时需要填写供应商名称、采购员名称和供应商电子邮箱地址，这三个数据同样存放在数组中，取值需要用到索引，所以声明一个变量"index_供应商"来记录索引，如图 6.11 所示。

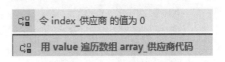

图 6.11　遍历供应商代码

分别添加"在目标中输入""点击目标"，在网页中输入对应的供应商代码和开始日期、结束日期，然后导出未加工的对账单，并等待对账单下载成功后再进行后面的步骤，如图 6.12 所示。

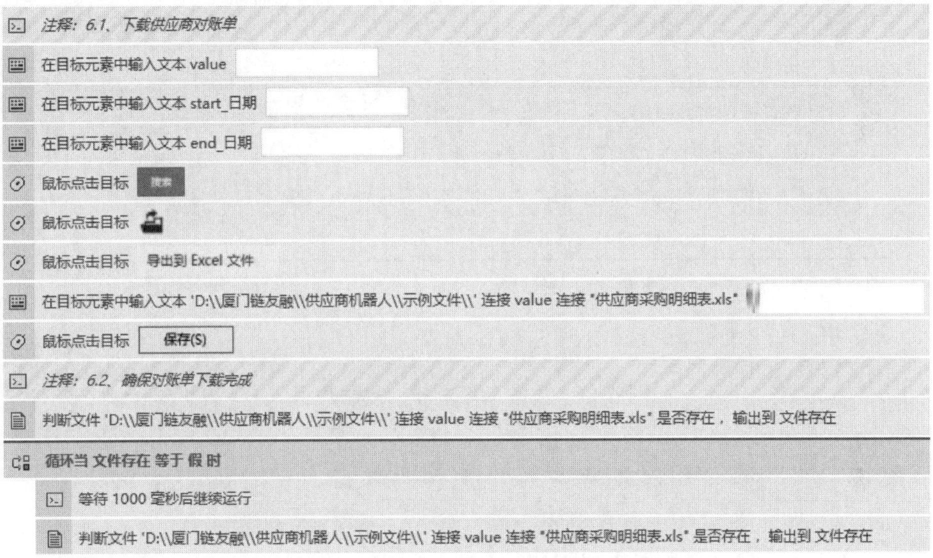

图 6.12　下载供应商对账单

先读取未加工的对账单中的数据，获取当中有数据的行数（后续需要在模板中插入新的行），并求出总数量和总金额，以及复制 D 到 L 部分的数据，如图 6.13 所示。

前面已经读取并复制数据，接下来把读取到的数组中的值写入模板文件表头，分别是"FROM""供应商""TO"和"时间段"，之前求得的总数量和总金额分别写入单元格 F5 与 H5，然后为模板表添加空行，数量为之前读取到的有数据的行数–1，如图 6.14 所示。

添加完新的行数后，通过 Ctrl+V 快捷键将之前复制的数据粘贴到新增空白行区域，然后使用"另存 Excel 工作簿"命令将加工后的模板文件保存为指定名称格式的文件。最后关闭表格，将加工后的文件发送给对应的供应商和采购员，这样整体的逻辑就实现了，如图 6.15 所示。

6.1.5　模拟实训

（1）机器人模拟人工操作自动登录采购平台。

图 6.13　数量金额求和，复制数据

图 6.14　写入数据

（2）从采购平台下载采购数据。

（3）根据对账单模板，将采购数据的内容生成供应商对账单。

（4）将供应商对账单通过邮件发送给供应商，抄送采购员。

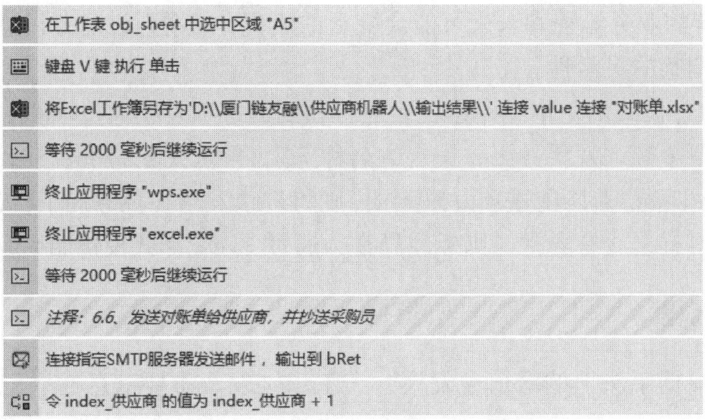

	在工作表 obj_sheet 中选中区域 "A5"
	键盘 V 键 执行 单击
	将Excel工作簿另存为'D:\\厦门链友融\\供应商机器人\\输出结果\\' 连接 value 连接 "对账单.xlsx"
	等待 2000 毫秒后继续运行
	终止应用程序 "wps.exe"
	终止应用程序 "excel.exe"
	等待 2000 毫秒后继续运行
	注释: 6.6. 发送对账单给供应商，并抄送采购员
	连接指定SMTP服务器发送邮件，输出到 bRet
	令 index_供应商 的值为 index_供应商 + 1

图 6.15　发送邮件

6.2　进项发票勾选认证机器人

6.2.1　进项发票勾选认证机器人案例背景

某大型制造业企业，随着业务的发展，能够获得的增值税发票越来越多，可以进项抵扣的数额也越来越大。在传统的手动处理流程中，该企业的财务人员需要花费大量的时间来梳理、核对进项发票。传统发票核对认证采用人工作业方法来完成，不仅花费财务人员大量时间、浪费大量人力资源，并且人工核对认证过程中容易发生错误认证、漏认证的情况，这就容易导致税金流失的问题发生，产生一定的税务风险。

该企业人工发票核对认证会在每月统一时间集中开展。但是，企业财务人员经常会遇到以下困扰：发票核对认证工作量大；认证工作主要是核对税率、价格、数量等数据信息，很容易出现视觉疲劳，导致错误的产生；属于很基础的财务工作，财务人员"成就感"低。

随着企业业务规模和人员规模的不断扩张，由此带来财务工作量大、重复劳力、效率低、易出错等问题。该企业希望引进进项发票勾选认证机器人代替传统的人工核对、匹配、认证等操作，提升财务对进项发票的处理效率。

6.2.2　进项发票勾选认证自动化解决方案

该企业财务部门通过进项发票与税务局未抵扣发票文件自动勾选认证，财务机器人实现了进项发票与税务局未抵扣发票文件勾选认证流程的自动化。为了做好实施准备，该企业首先对进项发票与税务局未抵扣发票文件勾选认证的每个步骤进行了详细的动作研究和流程拆解，以设计最具可行性的解决方案，针对企业的业务特性，打造最适合自己的自动化财务机器人，从而提高财务机器人的价值、效率和生产力。为了解决进项发票勾选认证业务流程的痛点，该企业采用进项发票勾选认证自动化解决方案，利用扫描识别 OCR + RPA 的自动化技术。进项发票勾选认证具体的操作步骤如下。

（1）对进项发票与税务局未抵扣发票文件勾选认证流程进行流程动作拆解，设计流程图，包括现有的业务流程和未来可能会变更的流程，以增强该财务机器人流程设计的适用性和流程调整的灵活性。

（2）"OCR"模式的基本思路是：企业将收到的进项发票通过 OCR 技术识别票面关键数据（发票金额、发票号码、销售方名称等），再从税务局平台下载未抵扣发票文件和进项发票做匹配。若匹配进项发票无误，则将进项发票在税务局平台进行勾选认证；若匹配进项发票有误或有异常，则标注异常，通过 Excel 形式反馈给财务人员。

6.2.3 传统流程

财务人员根据手头上的增值税发票，人工识别发票重要信息并登记到抵扣联发票 Excel 文件中，然后登录税务局平台下载企业未抵扣发票 Excel 文件，将两份 Excel 文件进行匹配，若匹配无误，则将进项发票在税务局平台进行勾选认证；若匹配有误或有异常，则核实原因，并根据核实结果进行第二次、第三次等多次勾选认证操作。

6.2.4 业务痛点

在根据发票整理抵扣联表格的过程中，工作量大、重复性强并且易出错，导致效率低下，在两张表格进行匹配的时候容易有缺漏。

6.2.5 RPA 流程

财务人员将手头上的进项发票进行扫描，放置到指定文件夹，机器人则自动通过 OCR 识别生成"进项抵扣发票信息表"，然后机器人会自动登录增值税发票综合服务平台，前往抵扣勾选页面，根据指定条件过滤符合条件的发票，并且和"进项抵扣发票信息表"进行比对，对满足条件的发票进行勾选认证，同时将勾选结果反馈给财务人员。

6.2.6 RPA 实现步骤

1. 整体框架说明

将业务需求分为三大部分：发票识别、下载未抵扣发票清单和发票核对，然后使用判断框实现程序的出错重试机制，声明两个全局变量"bool_异常"和"int_执行次数"。在"是否异常"判断框中添加判断条件"bool_异常=true"，在"执行达到三次"判断框中添加判断条件"int_执行次数=3"。业务需求部分的流程每执行一次则为变量"int_执行次数"+1，如果执行异常则将"bool_异常"赋值为 false。通过判断前面程序是否出现异常来进行异常处理，如果出现异常，判断执行次数是否达到三次，如果达到三次则直接结束流程，如果未达到三次则重新执行前面的程序。其整体框架如图 6.16 所示。

2. 需求逻辑实现

1）发票识别

步骤 1：使用"尝试执行操作"命令，对程序进行异常捕获，出现异常则写入错误日期，并将"bool_异常"赋值为 true，如图 6.17 所示。

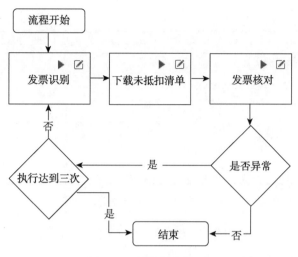

图 6.16　整体框架（1）

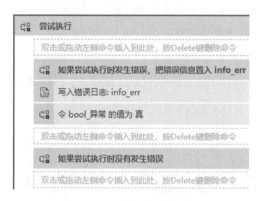

图 6.17　异常处理（2）

步骤 2：关闭程序执行相关的应用，并为全局变量赋值。

使用"关闭应用"命令，将 WPS、Excel、Chrome 等应用关闭，并令"bool_异常"赋值为 false，令"int_执行次数"的值+1，如图 6.18 所示。

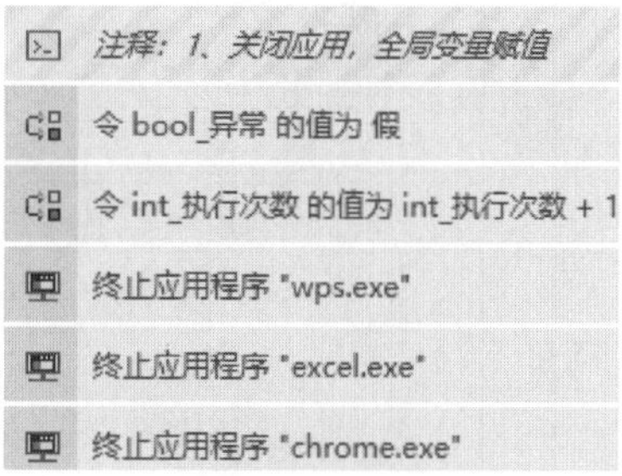

步骤 3：检查文件夹，清空文件夹，复制一份模板文件。

判断程序执行所需文件夹是否存在，存在则删除后重新创建一个，不存在则直接创建，然后复制一份模板文件到该文件夹下，如图 6.19 所示。

图 6.18　变量赋值（1）

步骤 4：获取发票文件，并识别得到发票信息。

如图 6.20 和图 6.21 所示，声明一个空数组用于存放每张发票的信息，获取发票文件夹下的所有发票文件，遍历该数组，识别每个文件中的发票信息，获取其中的发票号码、销售方名称、金额明细、税额合计、价税合计等信息，并将这些信息存入声明的数组中。

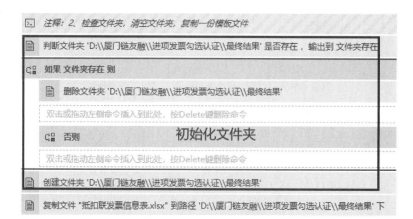

图 6.19　检查文件夹与赋值模板

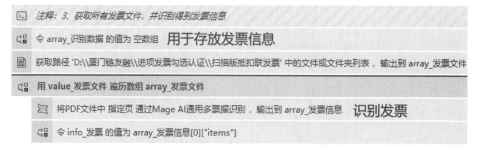

图 6.20　获取发票文件并识别发票

图 6.21　处理获取发票信息

步骤 5：将识别到的发票信息写入 Excel 表格。

使用"写入区域"命令，将发票信息写入 Excel，如图 6.22 所示。

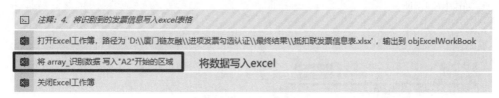

图 6.22 写入发票信息

2）下载未抵扣清单

步骤 1：判断前面步骤是否出错来决定是否需要继续后续操作，如果需要继续后续操作，则对后续进行类似发票识别部分的异常处理，如图 6.23 所示。

图 6.23 异常处理（3）

步骤 2：登录系统。

打开指定网站，等待网页加载完成后输入账号密码，单击登录按钮，如图 6.24 所示。

图 6.24 登录网站（1）

步骤 3：下载文件。

等待登录后网页加载完成，进入搜索界面输入日期，单击下载按钮导出未抵扣发票清单，如图 6.25 所示。

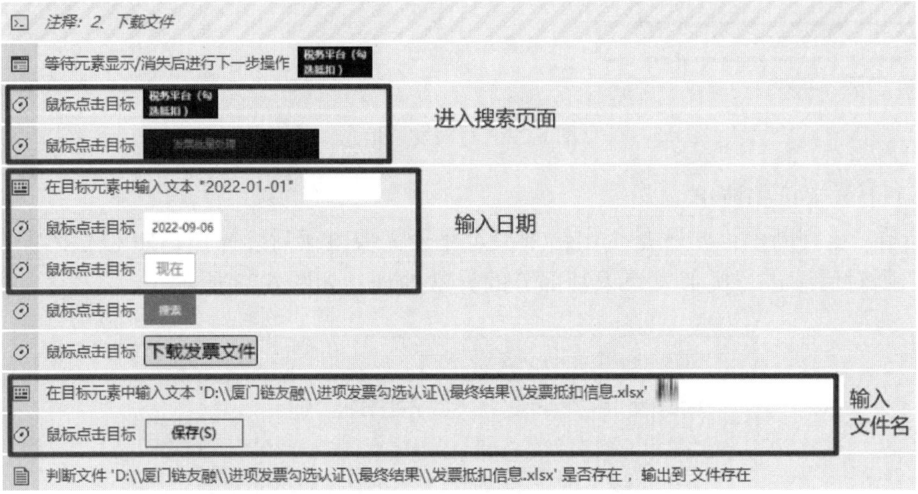

图 6.25　下载文件

步骤 4：确保文件下载完成。

判断文件是否存在，如果不存在则等待 1 秒后再次判断文件是否存在，直到文件下载完成为止，如图 6.26 所示。

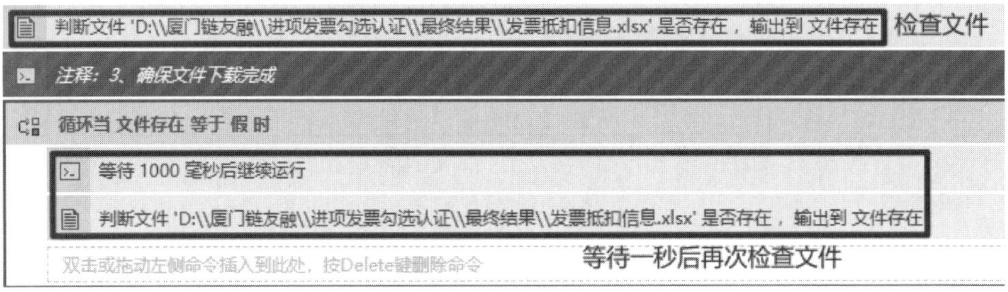

图 6.26　判断文件是否下载完成

3）发票核对

步骤 1：与"下载未抵扣清单"一样，先判断前面的步骤是否已经出现异常，未出现异常才继续执行后面的步骤，如图 6.27 所示。

步骤 2：读取两张表格数据。

读取从系统下载的表格和识别出来的发票信息表格，如图 6.28 所示。

步骤 3：读取两张表格数据，声明"总税额"存放核对一致的发票合计税额，"indexs_核对一致"存放发票信息表中核对一致的发票的行号，如图 6.29 所示。

如果 bool_异常 等于 真 则
判断前面步骤是否已经出错
否则
尝试执行
双击或拖动左侧命令插入到此处，按Delete键删除命令
如果尝试执行时发生错误，把错误信息置入 info_err
写入错误日志: info_err
令 bool_异常 的值为 真
双击或拖动左侧命令插入到此处，按Delete键删除命令
如果尝试执行时没有发生错误
双击或拖动左侧命令插入到此处，按Delete键删除命令
双击或拖动左侧命令插入到此处，按Delete键删除命令

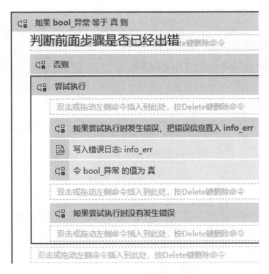

图 6.27　异常处理（4）

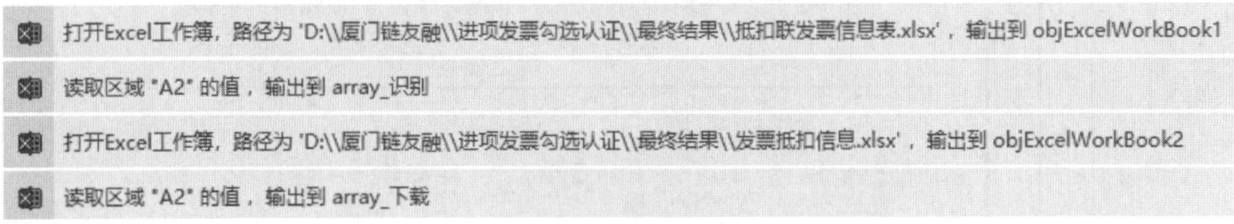

打开Excel工作簿，路径为 'D:\\厦门链友融\\进项发票勾选认证\\最终结果\\抵扣联发票信息表.xlsx'，输出到 objExcelWorkBook1
读取区域 "A2" 的值，输出到 array_识别
打开Excel工作簿，路径为 'D:\\厦门链友融\\进项发票勾选认证\\最终结果\\发票抵扣信息.xlsx'，输出到 objExcelWorkBook2
读取区域 "A2" 的值，输出到 array_下载

图 6.28　读取数据

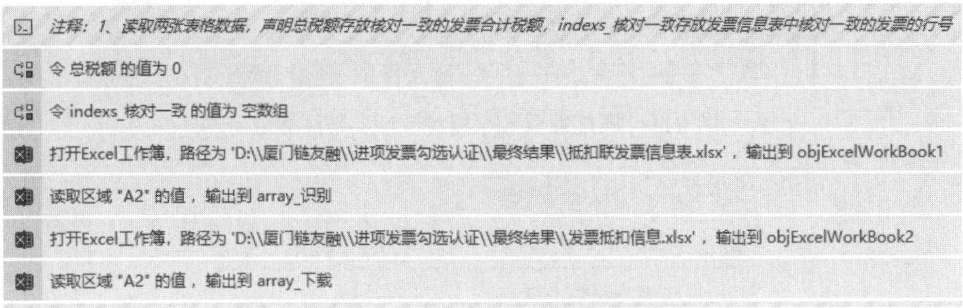

注释：1、读取两张表格数据，声明总税额存放核对一致的发票合计税额，indexs_核对一致存放发票信息表中核对一致的发票的行号
令 总税额 的值为 0
令 indexs_核对一致 的值为 空数组
打开Excel工作簿，路径为 'D:\\厦门链友融\\进项发票勾选认证\\最终结果\\抵扣联发票信息表.xlsx'，输出到 objExcelWorkBook1
读取区域 "A2" 的值，输出到 array_识别
打开Excel工作簿，路径为 'D:\\厦门链友融\\进项发票勾选认证\\最终结果\\发票抵扣信息.xlsx'，输出到 objExcelWorkBook2
读取区域 "A2" 的值，输出到 array_下载

图 6.29　读取数据并声明变量

步骤 4：匹配发票号码，核对税额，对表格进行备注。

遍历发票信息表，每次遍历时先令参数“匹配到发票”值为 false，先匹配发票号码，匹配到则为“匹配到发票”赋值 true，然后匹配税额，税额一致则累计税额，记录行号，并在发票信息表 Excel 中备注“核对一致”，在未抵扣发票清单表 Excel 中将“是否勾选”改为“是”；匹配不到发票号码则在发票信息表 Excel 中备注“未匹配到数据”，如图 6.30 所示。

步骤 5：保留未抵扣发票清单表格中确定勾选的行。

声明一个空数组用于存放未抵扣发票清单表格中确定勾选的行数据，读取未抵扣发票清单表格，将确定勾选的行数据添加到数组中。清除表格数据后，将数组中的数据写入 Excel，保存并关闭表格，如图 6.31 所示。

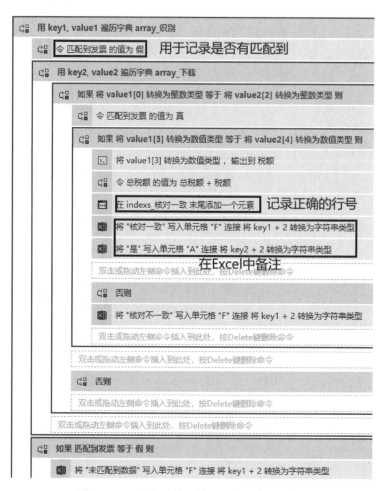

图 6.30 匹配发票号、核对税额、备注标记

图 6.31 保留确定勾选的行

步骤 6：上传文件，并对比勾选数量和总税额是否一致。

如图 6.32、图 6.33 和图 6.34 所示，上传文件后系统会显示成功数量和总税额，使用"获取文本"命令获取到该行文字，对字符串进行处理获得成功数量和税额的具体数值，与之前累积的税额和勾选的数量进行对比，对比无误则在发票信息表中备注"勾选抵扣成功"，反之则备注"勾选抵扣数据有误"。

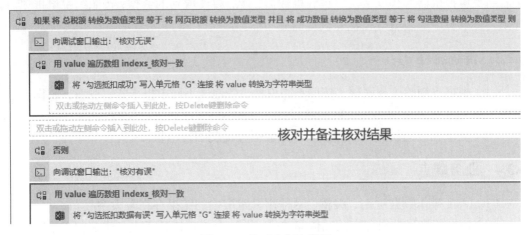

图 6.32　获取网页上的数据

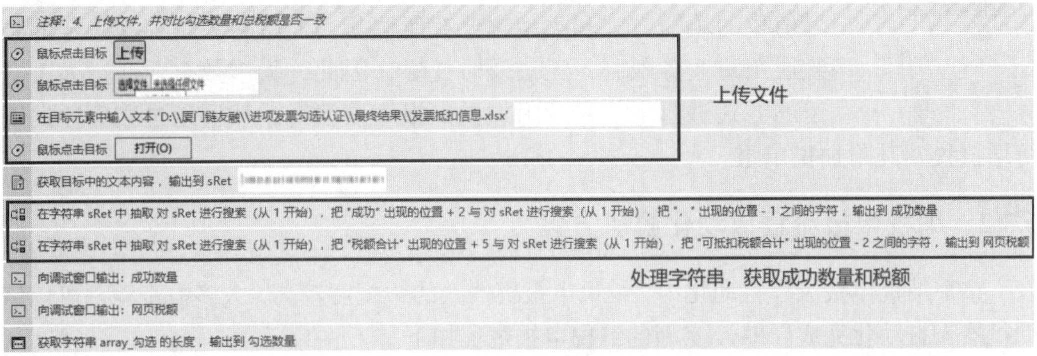

图 6.33　上传文件

图 6.34　核对金额和数量

6.2.7　模拟实训

（1）通过 OCR 技术识别获取进项发票信息，并整理成 Excel 文件。

（2）登录税务局平台下载未抵扣发票清单 Excel 文件。

（3）将上述两份 Excel 文件按照发票号为对象核对税额。

（4）核对无误的发票在税务局平台进行勾选认证，并将认证结果进行反馈。

6.3　纳税申报机器人

6.3.1　纳税申报机器人案例背景

纳税申报是企业涉税的核心业务，由于企业涉税种类多、申报环节多，导致每月纳税申报工作量大，尤其是在财务共享服务模式下，纳税主体多，涉及纳税申报台账及表格数量大，人工进行申报操作效率低，申报及时性难以保障。

微课堂：纳税申报表批量导出

各类纳税申报表格内容和钩稽关系较为复杂，人为核对确认容易出现失误。其中，以增值税及其附加税为代表，是企业使用频率最高的税种，且随着企业经营发展、税务局的税收政策变动，企业增值税的填写方式和类型也要有所调整，而财务系统存在一定的系统或用户业务限制，无法及时变更，因此，大多数企业通过人工登记的方式进行增值税及附加税申报底稿编辑，然后通过底稿数据进行增值税及其附加税申报。

6.3.2　纳税申报流程自动化解决方案

整个纳税申报流程自动化中，纳税申报机器人的适配度较高，大多数步骤都可以借助机器人自动化完成。RPA 实施的纳税申报过程如下。

首先纳税申报机器人自动登录到税务申报系统；然后找到指定的申报模块并进入；接着纳税申报机器人获取纳税申报底稿数据；最后将读取到的数据，按照纳税申报填写规则，将纳税申请表填写完整并执行提交环节。

6.3.3　传统流程

（1）根据自制的税务底稿，按照不同税种，各地区不同申报格式、逻辑，制作申报表格。

（2）登录相应的税务局网站填入对应数据，提交纳税申报。

6.3.4　业务痛点

（1）人工操作数据对比、编辑，对输出稳定准确的结果存在较大挑战。

（2）各操作流程之间存在相互依赖关系，下一个流程依赖于上一个流程，导致整体效率低。

6.3.5　RPA 流程

（1）纳税申报机器人根据不同的税务底稿规则整理数据、处理逻辑。

（2）纳税申报机器人自动登录税务局网站，并自动完成相关数据填入、复核和申报。

6.3.6　纳税申报机器人开发

1. 整体框架说明

根据业务需求判断，将整个业务流程分为进入申报界面、处理销项税、处理进项税、处理附加税费及申报四个部分，并设置了机器人的报错重试机制，通过判断机器人运行是否异常以及机器人的执行次数来判断即将对机器人进行重试操作还是直接结束机器人程序。使用"bool_异常"参数来记录机器人是否出错，"int_执行次数"记录机器人的执行次数，设置机器人只允许执行不超过 3 次，如图 6.35 所示。

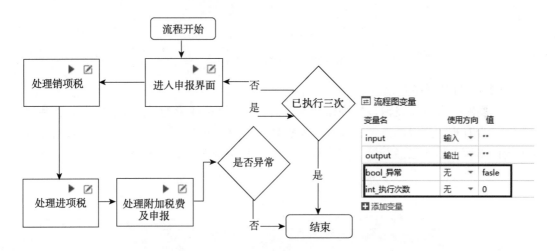

图 6.35　整体框架（2）

2. 需求逻辑实现

1）进入申报界面

步骤 1：异常捕获。

为整个流程代码进行异常处理，如图 6.36 所示。

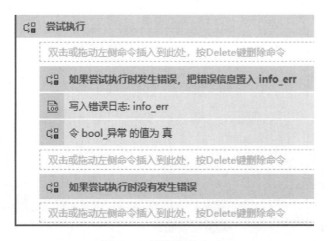

图 6.36　异常处理（4）

步骤 2：全局变量赋值，关闭应用。

令参数"bool_异常"的值为 false，并且每次执行为"int_执行次数"＋1，然后关闭 Excel、WPS、浏览器等程序执行过程中需要用到的应用程序，如图 6.37 所示。

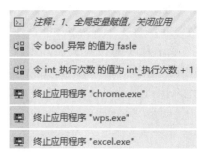

图 6.37　变量赋值（2）

步骤 3：打开网站登录。

首先判断是否有恢复窗口的弹窗，有则关闭，否则可能影响后续单击操作。而后判断当前是否有重新登录的按钮，如有则表示登录失效，单击重新登录按钮，如没有重新登录按钮则判断是否已经登录，如未登录则进行登录操作，如图 6.38 所示。

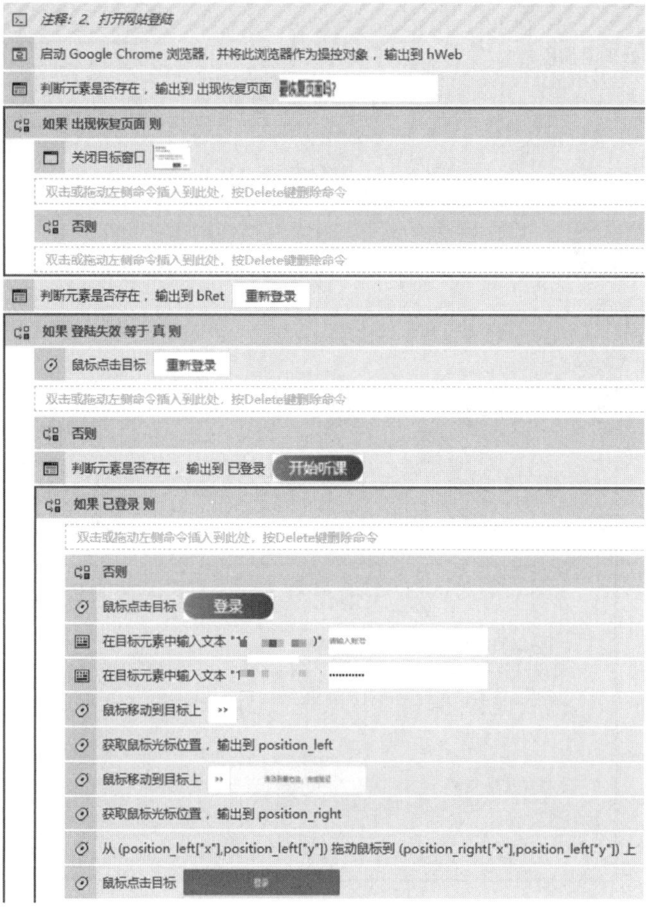

图 6.38　登录网站（2）

步骤 4：进入申报界面。

进入税务局网站后，登录税务局网站，而后单击进入申报界面，如图 6.39 所示。

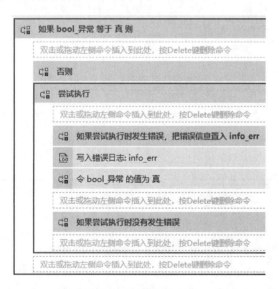

图 6.39　进入申报界面

2）处理销项税

步骤 1：判断是否前面步骤出现异常，异常则不执行后续步骤，并且像"进入申报界面"流程一样对代码进行异常处理，如图 6.40 所示。

图 6.40　异常处理（5）

步骤 2：进入附件 1 销项部分填写数据。

单击进入销项部分，由于需要根据项目和税率的不同将税额与金额填写到对应的表格位置，所以如果要通过机器人去实现这个操作，需要为机器人给定一个目标元素，机器人才能精准定位到需要输入的位置。通过多次试验观察可以得出表格中的所有单元格目标元素只有一个属性是会变动的，所以这里定义了一个动态元素模板，并且声明一个字典，其中存放着税率和项目对应的元素的属性值。通过 Excel 表格中的税率和项目，匹配到对应的元素属性值，进而对元素模板进行动态的改变，机器人就能通过这个元素模板识别到输入的位置，把金额和税额填入其中，如图 6.41 和图 6.42 所示。

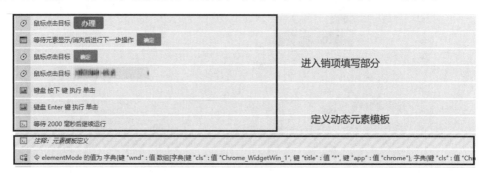

图 6.41　填写销项部分（1）

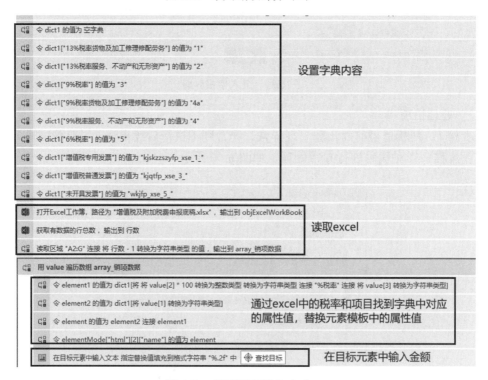

图 6.42　填写销项部分（2）

步骤 3：保存数据，关闭 Excel 工作簿，如图 6.43 所示。

3）处理进项税

步骤 1：与前面的流程相似，判断是否执行后续步骤，并对异常进行处理。

图 6.43　保存数据

步骤 2：进入进项税填写界面，如图 6.44 所示。

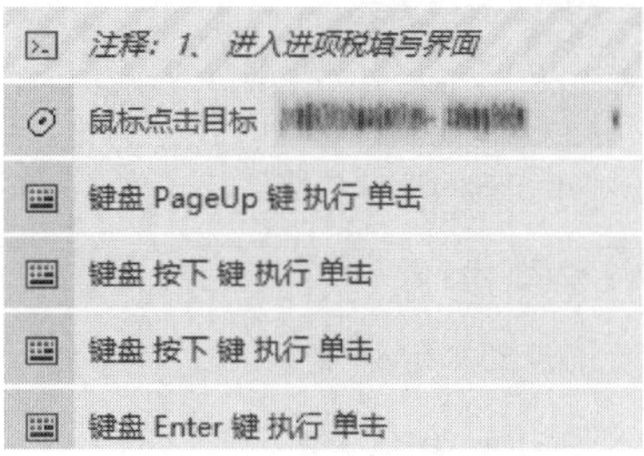

图 6.44　进入填写界面

步骤 3：填写进项税数据。

读取 Excel 表格内容存于数组中，遍历数据，对每一种类型，在对应的目标中填入份数、不含税金额、税额，如图 6.45 所示。

图 6.45　填写数据

步骤 4：保存填写完的进项数据，关闭 Excel，如图 6.46 所示。

图 6.46　保存数据关闭表格

4）处理附加税费及申报

步骤 1：判断前面的流程是否出现异常，异常则不执行后续步骤，并且像上一个一样对代码进行异常处理。

步骤 2：更改减免性质。

依次单击更改减免性质，如图 6.47 所示。

图 6.47　更改减免性质

步骤 3：核对金额。

获取界面上的金额，与 Excel 中的金额相减，判断得到的差异是否大于 0.1，如果大于 0.1 则弹出消息框提示"数据不一致，需要人工修改"，如果不大于 0.1 则提示"纳税申报已完成"，如图 6.48 所示。

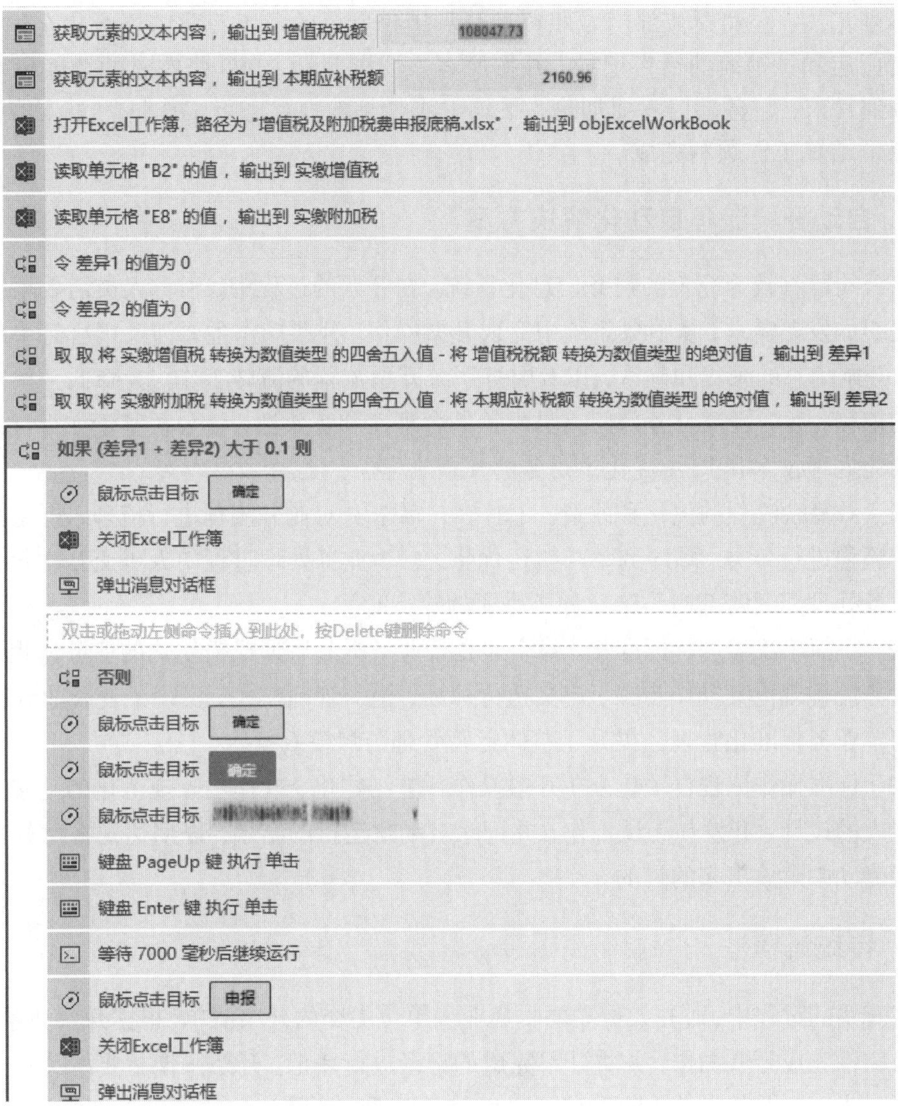

获取元素的文本内容，输出到 增值税税额　　　108047.73

获取元素的文本内容，输出到 本期应补税额　　　2160.96

打开Excel工作簿，路径为 "增值税及附加税费申报底稿.xlsx"，输出到 objExcelWorkBook

读取单元格 "B2" 的值，输出到 实缴增值税

读取单元格 "E8" 的值，输出到 实缴附加税

令 差异1 的值为 0

令 差异2 的值为 0

取 取 将 实缴增值税 转换为数值类型 的四舍五入值 - 将 增值税税额 转换为数值类型 的绝对值，输出到 差异1

取 取 将 实缴附加税 转换为数值类型 的四舍五入值 - 将 本期应补税额 转换为数值类型 的绝对值，输出到 差异2

如果 (差异1 + 差异2) 大于 0.1 则

　　鼠标点击目标　确定

　　关闭Excel工作簿

　　弹出消息对话框

　　双击或拖动左侧命令插入到此处，按Delete键删除命令

否则

　　鼠标点击目标　确定

　　鼠标点击目标　确定

　　鼠标点击目标　██████████

　　键盘 PageUp 键 执行 单击

　　键盘 Enter 键 执行 单击

　　等待 7000 毫秒后继续运行

　　鼠标点击目标　申报

关闭Excel工作簿

弹出消息对话框

图 6.48　核对金额

6.3.7　模拟实训

（1）机器人登录税务申报系统。

（2）机器人根据申报底稿数据，在税务申报系统填写内容并申报。

6.4　自动开票机器人

6.4.1　自动开票机器人案例背景

　　某大型制造商在中国拥有超过 2 万名员工，其产品在中国市场的销量处于同行业领先地位。随着企业的市场规模不断扩大、销售

微课堂：自动开票机器人

业务不断拓展，公司财务部门专职负责开具销售发票的员工每月需要收集全国700多家直营门店和经销商的销售记录，并按照客户要求开具 5 000 张左右的增值税专用发票，每到月末，财务部门需要加班，平均工作量是常规状态下工作量的 3~4 倍，这样才能保证结算工作顺利完成。

6.4.2 自动开票流程自动化解决方案

该公司已有较为完善的财务信息化系统。在开票的过程中，财务人员需要根据业务部门提交的发票需求，从财务系统中完成开票操作。开票操作主要涉及销售订单的信息收集、开票信息的采集和确认，以及财务系统开票流程的流转工作。为降低开票操作对人力的依赖程度，提高财务部门人员配置的合理性和有效性，该公司基于如下标准，采用自动化处理技术和 RPA 优化了财务的开票流程。

（1）对复杂流程的优化和改造。了解客户需求并对业务流程进行梳理，将原本复杂的业务流程进行分类、顺序调整与执行优化，减少业务处理过程中人机交互次数，从而缩短业务处理期间跨部门、跨业务所需要的等待时间。

（2）将简单流程进行标准化。对企业复杂业务拆分后形成模块化的业务流程。对于简单业务流程规范其操作步骤、定义执行标准、统一管理模式。实现了复杂业务简化处理、简单业务标准化管理，提升了整体运营管理与规模效益。

（3）标准操作流程自动化。在开票操作环节结构化、操作步骤规范化的基础上，进行机器人的设计、开发和测试工作，并记录自动化运行的结果，以期达到将财务人员从重复性劳动中解放出来的目的。

6.4.3 传统流程

在开票的过程中，财务人员需要收集业务单位提交的开票清单，根据开票清单内容，在开票软件完成开票操作，并将开票完成的记录进行登记。开票操作主要涉及销售订单的信息收集、开票信息的采集和确认，以及开票系统开票流程的流转工作。

6.4.4 业务痛点

（1）工作量大，需加班完成。

（2）因涉及税务数据，需认真、细心开具发票。但因是人工操作，会出现人工开错票的现象。

（3）工作内容单一，财务人员工作情绪不高，此岗位较容易出现更换财务人员的情况。

6.4.5 RPA 流程

自动开票机器人识别业务部门的开票清单，根据开票清单内容，依次在开票系统中开具发票。开具发票完成后，将开票结果反馈给财务人员。

6.4.6 自动开票机器人开发

1. 整体框架设计

设计程序出错重试机制，最多执行次数为三次，达到三次还未执行成功则直接结束程序。声明参数"g_erroccr"记录程序是否出错，并设置默认值为 false，再次声明一个参数"g_retryCnt"记录程序运行的次数，若程序执行达到三次则直接结束流程，如图 6.49 所示。

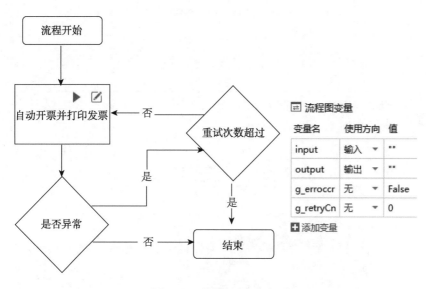

图 6.49 整体框架（3）

2. 需求逻辑实现

步骤 1：异常捕获及处理。

使用尝试执行操作对整体代码进行异常捕获，并对异常进行处理，如图 6.50 所示。

步骤 2：给全局变量赋值，关闭相关应用，如图 6.51 所示。

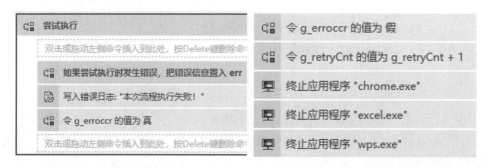

图 6.50 异常处理（6）   图 6.51 变量赋值（3）

步骤 3：登录网站。

首先启动浏览器，确保关闭掉恢复窗口的提示弹窗，然后输入账号密码，单击登录按钮，如图 6.52 所示。

图 6.52　登录网站（3）

步骤 4：读取 Excel 内容，进入发票填开界面。

打开 Excel 读取从"A3"开始的区域的数据，然后单击进入实战界面，最后打开发票管理，如图 6.53 所示。

步骤 5：循环开票。

对于表格中每一条发票数据，将其中的名称、税号、地址、开户行、品名、金额等数据填入系统，单击保存打印，如图 6.54 至图 6.57 所示。

打开Excel工作簿，路径为 '发票开具申请表.xlsx'，输出到 objExcelWorkBook

读取区域 "A3" 的值，输出到 arrayRet

注释：点击学出纳

鼠标点击目标 开始听课

鼠标点击目标 学出纳

注释：点击去实战

鼠标移动到目标上

鼠标点击目标 去实战

注释：点击发票管理

鼠标点击目标

图 6.53　读取表格，进入开票界面

用 **rowInfo** 遍历数组 **arrayRet**

注释：点击发票填开，增值税发票填开

等待元素显示/消失后进行下一步操作

鼠标点击目标

鼠标点击目标 增值税电子普通发票填开

注释：输入名称、税号、地址、开户行

令 名称 的值为 rowInfo[0]

令 税号 的值为 rowInfo[1]

令 地址 的值为 rowInfo[2] 连接 rowInfo[3]

令 开户行 的值为 rowInfo[4] 连接 rowInfo[5]

等待元素显示/消失后进行下一步操作

在目标元素中输入文本 名称

在目标元素中输入文本 税号

在目标元素中输入文本 地址

在目标元素中输入文本 开户行

图 6.54　输入名称、税号、地址、开户行

注释：输入货物和服务名称

鼠标移动到目标上

鼠标点击目标

令 开票内容 的值为 rowInfo[6]

令 服务名称字典 的值为 字典(键 "技术开发费" : 值 "54439", 键 "技术维护费" : 值 "54635", 键 "技术测试" : 值 "54637")

令 元素值 的值为 服务名称字典[开票内容]

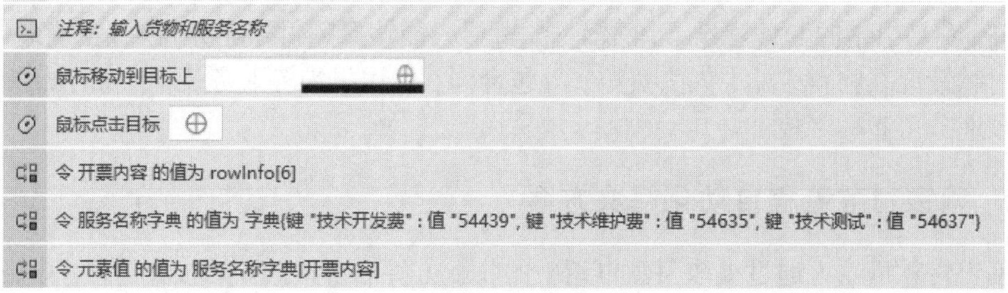

图 6.55　输入货物和服务名称

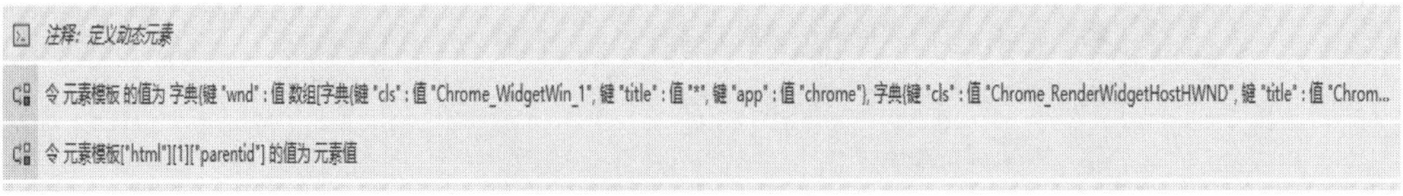

图 6.56　定义元素模板

图 6.57　打印

6.4.7　模拟实训

（1）机器人读取开票需求。

（2）根据开票信息完成开票操作。

6.5　网银付款机器人

6.5.1　网银付款机器人案例背景

在企业经营过程中，资金的使用是一个常态化、高频率的行为。企业支付环节具有支付账号多、收款账号多、支付类型杂、金额小、支付量大、相对集中支付等特点，这种模式具有工作大量重复、规则性强的特征，符合 RPA 机器人使用场景，在出纳付款、付款结果反馈环节上给财务工作造成了一定的压力。在付款业务量集中、工作量大、效率不高、容易出错的业务背景下，网银付款机器人能够保障付款业务高效、正确地完成，且将付款情况在物料采购、人力资源、外包合同、费用报销等业务流程中给予反馈，实现付款业务可管、可控。

6.5.2　网银付款流程自动化解决方案

网银付款机器人通过提取付款申请中的收款方姓名、收款方的收款信息（如账户信息、银行账户等）、收款金额、付款理由等数据，登录网银系统，依次进行网银付款，并将付款后的结果在申请流程中进行确认，以便申请者及时了解付款情况。

1. 确保数据搬运及时性

通过网银付款机器人对业务系统中的付款申请审批进行全程监控，及时了解审批状态。审批通过则网银付款机器人自动启动数据搬运指令，将付款申请数据搬运到银行系统中并执行支付行为。以某制造业企业为例，搬运工作准确率高达 100%，搬运效率提高了 20 倍，可有效释放出纳付款环节填写及银行付款的工作量。

2. 自动填写付款结果至业务系统，实现付款数据与业务信息相关联

RPA 将实时监控网银已付款信息，并会把付款结果自动登记到业务系统的付款单中，核销付款申请和应付，实现支付业务的完整闭环，达成业、财、银一体化。

6.5.3　传统流程

（1）登录业务系统，打开付款申请模块，获取已通过审批的付款申请数据。
（2）登录付款申请上指定的付款账号网银系统，将业务系统的数据填报到网银系统中。
（3）财务总监或出纳在完成付款后，将付款结果回写到业务系统的付款业务中，形成业务闭环。

6.5.4　业务痛点

（1）每天的业务处理工作量非常大，耗时耗力，还非常容易出错。
（2）登录不同银行对账，跨系统及平台数量多，工作量大，流程复杂。

6.5.5　RPA 流程

机器人自动登录业务系统，打开付款申请模块，获取已审批通过的付款申请数据，然后登录企业网银系统，将已审批通过的付款申请数据填报到网银系统中并进行支付，查看银行流水，在确认款项支付后，将付款情况回填至业务系统中。

6.5.6　网银付款机器人开发

1. 整体框架设计

设置机器人重试机制，声明 3 个变量"g_retryMax""g_retry""g_retrytimes"，设置默认值分别为 3、false、0，业务部分代码每执行一次就对"g_retrytimes"+1，如果业务部分的代码执行出错，则令"g_retry"变量的值为 true，流程图中的"是否重试"判断框通过判断"g_retry"为 true，则再去确认是否"g_retrytimes"的值小于"g_retryMax"，如果不小于，则表明已经执行过三次了，直接结束流程；如果小于，则继续重新执行业务部分的流程，如图 6.58 所示。

2. 需求逻辑实现

步骤 1：终止相关进程
使用"关闭应用"命令把 WPS、Excel、Chrome 等进程关闭。如图 6.59 所示。

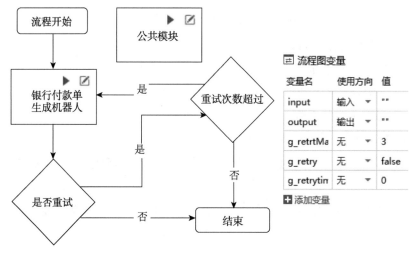

图 6.58 整体框架（4）

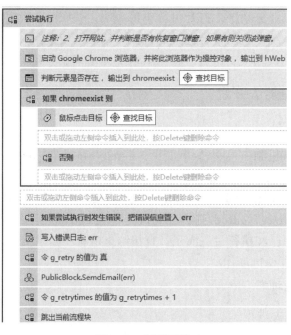

图 6.59 关闭应用

步骤 2：打开网站，并判断是否有恢复窗口弹窗，如果有则关闭该弹窗。

确保弹窗关闭，如该过程出错，则对异常进行处理，令 "g_retry" 为 true，令 "g_retrytimes" 的值+1，并且跳出该流程块，如图 6.60 所示。

图 6.60 打开网站

步骤 3：登录页面后进入费控系统，并导出付款明细清单表。

在网页中输入账号密码并单击进入，进入后单击进入费控系统，下载付款明细清单表格，并确保文件下载完整，对该步骤也进行像前一个步骤的异常处理，如图 6.61 和图 6.62 所示。

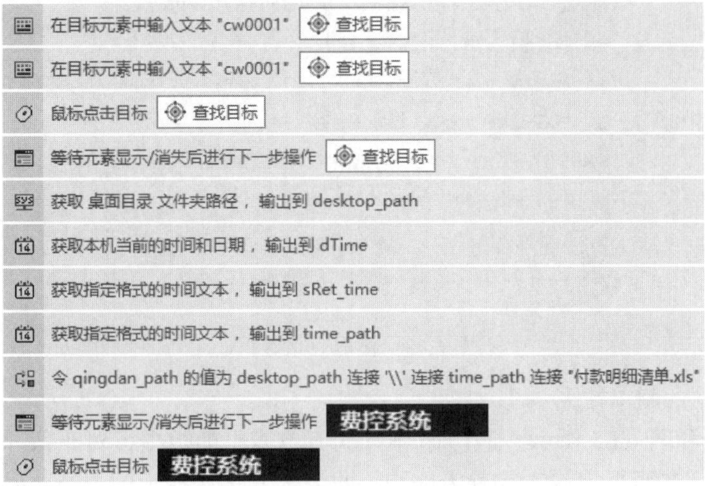

图 6.61　登录页面并进入费控系统

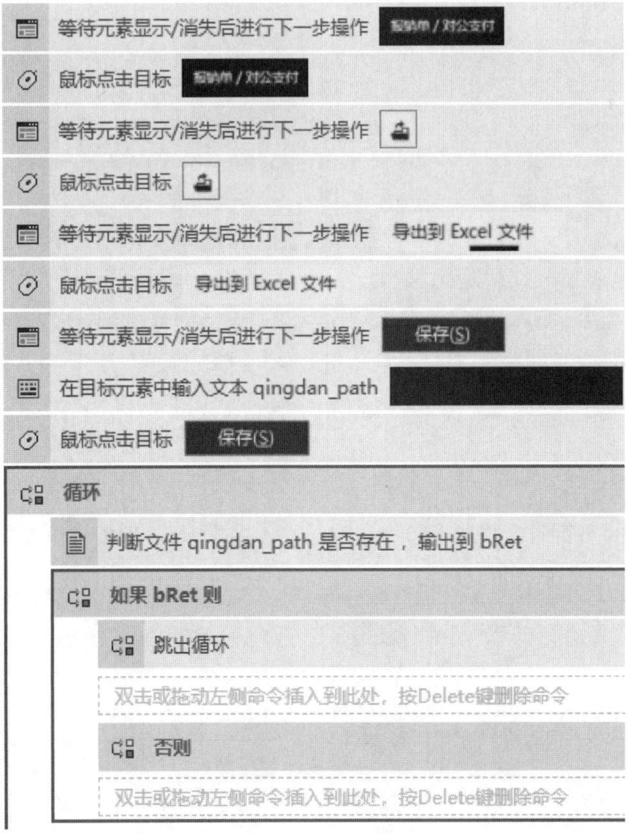

图 6.62　文件下载

步骤 4：读取"付款明细清单"和"省份银行对照表"的数据。

读取"付款明细清单"和"省份银行对照表"的数据，并把省份银行对照表数据存入一个新的数据表，表头为"省""区""市""银行全称"，并添加异常处理，如图 6.63 所示。

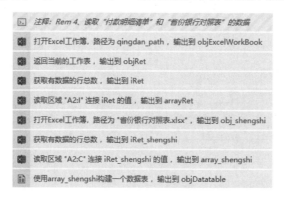

图 6.63　读取表格数据

步骤 5：输入制单数据。

如图 6.64 和图 6.65 所示，遍历循环付款清单表中的数据，对于每一笔付款单，都执行以下操作：在网页中输入收款人账户、收款人户名、搜索开户行，并匹配到对应的省份，然后选择对应的省份和支行，输入对应的金额和备注，单击下一步按钮，输入密码后完成制单（图 6.66）。

图 6.64　匹配省份数据（1） 　　　　　图 6.65　匹配省份数据（2）

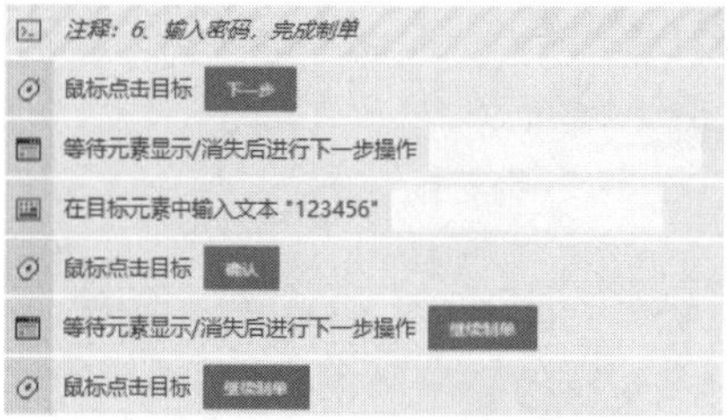

图 6.66　输入密码，完成制单

同之前的步骤一样，对于该步骤也进行异常处理。

步骤 6：进入流水查询界面，搜索当日流水，并进行异常处理，如图 6.67 所示。

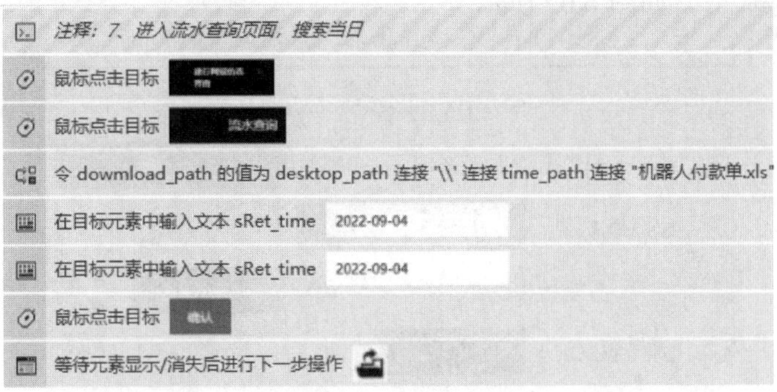

图 6.67　查询当天流水

步骤 7：下载查询结果到指定路径。

下载查询到的当日流水，确保流水下载完成，并进行异常处理，如图 6.68 所示。

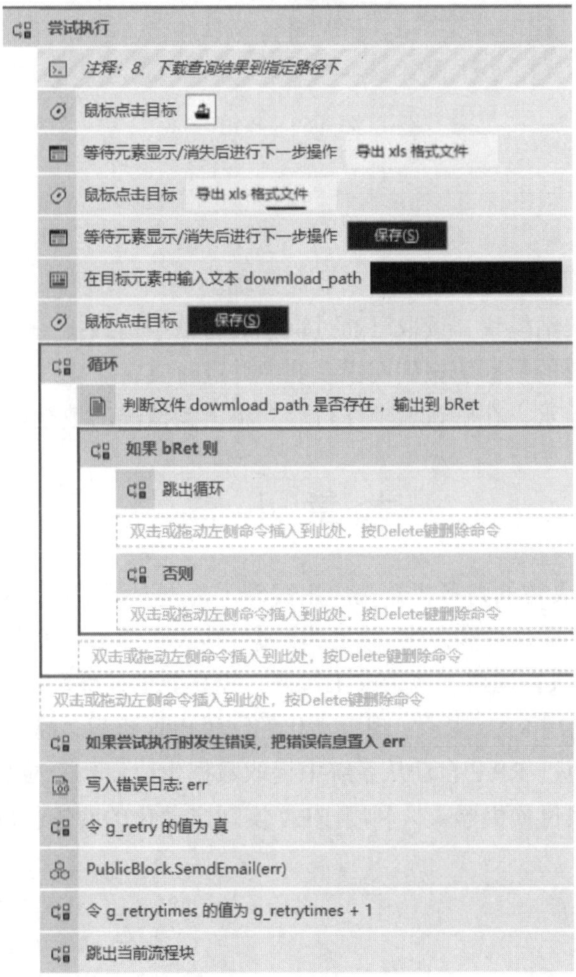

图 6.68　下载流水

步骤 8：将未支付状态通过核销改成已支付状态。

单击费控系统→报销单/对公支付进入相应界面，然后依次核销报销单，将未支付状态改成已支付状态，如图 6.69 所示。

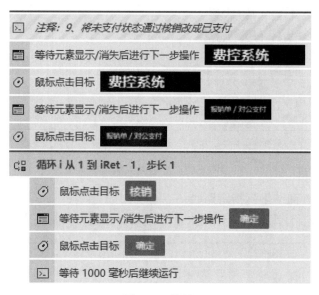

图 6.69　核销

6.5.7　模拟实训

（1）机器人模拟人工操作自动登录业务系统。

（2）打开付款申请模块，读取已通过审批的付款申请数据。

（3）将业务系统的数据填报到网银系统中并进行支付。

（4）查看银行流水，在确认款项支付后，将付款情况回填至业务系统中。

本　章　小　节

本章涵盖了多个具体的财务机器人应用案例。首先介绍了供应商对账机器人，通过自动化对账流程提高准确性和效率，降低错误率。其次介绍了进项发票勾选认证机器人，通过 RPA 自动勾选认证发票，减少人工操作，提高处理速度和准确性。再次是介绍了纳税申报机器人，利用 RPA 技术实现自动化的纳税申报流程，提高操作效率和准确性；自动开票机器人，通过 RPA 自动从系统中提取数据生成发票，减少人工操作和时间成本。最后介绍了网银付款机器人，利用 RPA 实现自动化的网银付款流程，提高支付效率和准确性。

课后习题

1. 供应商对账业务痛点是什么？

2. 简要描述供应商对账流程自动化解决方案。

3. 三单匹配发票业务痛点是什么？

4. 简要描述三单匹配发票流程自动化解决方案。

5. 纳税申报业务痛点是什么？

6. 简要描述纳税申报自动化解决方案。

7. 传统开票流程业务痛点是什么？

8. 简要描述自动开票流程自动化解决方案。

9. 网银付款业务流程痛点是什么？

10. 简要描述网银付款流程自动化解决方案。

答案解析　扫描此码

即测即练

即测即练　扫描此码

思政探索

　　在 RPA 上线后，建立企业自动化能力将确保 RPA 在组织内的持续运营，而并非暂时的阶段性效率提升。其中，运维支持机制的建立和知识资产的传承将为 RPA 在企业内的持续运行提供保障。2020 年，某金融服务企业的 RPA 项目"网银登录方法、装置、计算机设备和存储介质"提案正式通过国家知识产权局认证。请辩证分析 RPA 项目申请专利保护的意义。

参 考 文 献

[1]   IDC，中国信通院. 人工智能时代的机器人 3.0 新生态[R]. 2017.

[2]   IDC. 全数字化就绪型网络智引数字经济未来[R]. 2018.

[3]   刘惠心. 基于 RPA 的财务共享服务流程优化研究[D]. 北京：中国财政科学研究院，2020.

[4]   袁勇，王飞跃. 区块链技术发展现状与展望[J]. 自动化学报，2016, 42(4): 484-494.

[5]   陈虎，孙彦丛. 财务共享服务[M]. 北京：中国财政经济出版社，2014.

[6]   包若男. 基于流程再造的中兴通讯财务转型研究[D]. 北京：华北电力大学，2020.

[7]   婧含. 阿里云 RPA：助力企业自动化升级和数字化转型[EB/OL]. (2018-07-09). https://developer.
      aliyun.com/article/608316?spm=a2c6h.12873581.technical-group.dArticle608316.62e678d3ksrLza.

[8]   产业智能官. 机器人流程自动化(RPA)概念、原理与实践[EB/OL]. (2018-04-21). https://blog.
      csdn.net/np4rHI455vg29y2/article/details/80035832.

[9]   聆播科技. 机器人流程自动化(RPA)教程、工具和示例[EB/OL]. (2018-09-26). https://www.
      sohu.com/a/255858302_100260713?scm=1102.xchannel:325:100002.0.6.0&spm=smpc.channel_248.
      block3_308_NDdFbm_1_fd.1.1677121345192Q7xokzS_324.

[10]   田高良，陈虎，孙彦丛，等. "大智移云物"背景下的财务转型研究[J]. 财会月刊，2019(20): 3-7.

[11]   波士顿咨询有限公司. 用机器人流程自动化和人工智能驱动服务型经济[R]. 2018.

[12]   德勤中国. 《德勤机器人上岗喽！》之金融信托机构里高效运转的"小勤人"[EB/OL].
      https://www2.deloitte.com/cn/zh/pages/innovation/articles/deloitte-robot-fi-fintech.html.

[13]   王友奎，张楠，赵雪娇. 政务服务中的智能问答机器人：现状、机理和关键支撑[J]. 电子政务，
      2020(2): 34-45.

[14]   财资一家. "削峰填谷"：RPA 自动开具企业增值税发票[EB/OL]. (2018-05-07). https://
      www.sohu.com/a/230711731_494793.

[15]   安永.【RPA 变革时代】RPA 在生命科学领域的应用[EB/OL]. (2017-12-13). https://www.
      sohu.com/a/210337073_676545.

[16]   普华永道.【洞察】普华永道机器人登陆首家央企"中国中化"，助力效率飞跃[EB/OL].
      (2017-08-07). https://www.sohu.com/a/162905727_170401.

[17]   德勤中国. 《德勤机器人上岗喽！》之化繁为简:RPA 自动生成大型金融机构合并报表[EB/OL].
      https://www2.deloitte.com/cn/zh/pages/innovation/articles/deloitte-robot-fi-statment.html.

[18]   德勤. 机器人业已就位，您是否准备就绪?数字化劳动力中有待开发的优势[R]. 2017.

[19]   德勤. 引领财税新变革——从德勤机器人说起[R]. 2017.

[20]   田高良，陈虎，郭奕，等. 基于 RPA 技术的财务机器人应用研究[J]. 财会月刊，2019(18): 10-14.

[21]   安永.【RPA 变革时代】机器人流程自动化引领企业财务管理数字化变革[EB/OL]. (2018-02-11).
      https://mp.weixin.qq.com/s/PsVH2G6nrDWz8Xbulln2HA.

[22]   首席财务官. CFO：数字化时代的战略领袖[EB/OL]. (2018-04-01). https://www.zz-news.com/
      com/sxcwg/news/itemid-1218093.html.

[23]   田高良，陈虎，赵旖旎，等. 财务机器人的选择和实施方法探究[J]. 财会月刊，2019(19): 9-14.

[24]   杨美霖，戴运杰，胡金初. 程序设计过程中的心理学考量[J]. 计算机应用与软件，2009, 26(4):
      137-139.

[25]   陈虎，孙彦丛，郭奕，等. 财务机器人——RPA 的财务应用[J]. 财务与会计，2019(16): 57-62.

[26]   程平，邓湘煜.RPA 财务数据分析机器人:理论框架与研发策略[J]. 会计之友,2022(13): 148-155.

[27]   李华，薛宝莹. 智能机器人在烟草商业企业财务中的实践与应用[J]. 财经界，2022(18): 80-82.

[28]   王立卫，刘翠侠，袁庆禄. 财务机器人的主要功能与应用实例分析[J]. 中国管理信息化，2022,
      25(8): 62-66.

[29] 程平. RPA 审计机器人：理论框架与研发策略[J]. 会计之友，2021(19): 2-7.

[30] 陈文彬. 以十大数字化工具和创新方案赋能银行业数字化转型[J]. 金融科技时代，2021, 29(8): 73-78.

[31] 姚申申. 基于 RPA 的 S 集团财务共享服务中心流程优化研究[D]. 南京：东南大学，2021.

[32] 王黎. RPA 技术在企业财务管理领域的应用探索[J]. 中国总会计师，2021(3): 62-63.

[33] 王超，祝天惠. RPA 技术在财务共享服务的应用探究[J]. 纳税，2020, 14(31): 83-84.

教师服务

感谢您选用清华大学出版社的教材！为了更好地服务教学，我们为授课教师提供本书的教学辅助资源，以及本学科重点教材信息。请您扫码获取。

≫ 教辅获取

本书教辅资源，授课教师扫码获取

≫ 样书赠送

会计学类重点教材，教师扫码获取样书

 清华大学出版社

E-mail: tupfuwu@163.com
电话：010-83470332 / 83470142
地址：北京市海淀区双清路学研大厦 B 座 509

网址：http://www.tup.com.cn/
传真：8610-83470107
邮编：100084